Lb 46/101

EXPOSÉ

DES CRIMES ET ATTENTATS

COMMIS

PAR LES ASSASSINS

DE LA COMMUNE D'ARPAILLARGUES,

DANS LA JOURNÉE DU 11 AVRIL 1815,

CONTRE

LES VOLONTAIRES-ROYAUX

Composant l'Armée de S. A. R. M.gr
LE DUC D'ANGOULÊME;

Avec l'Arrêt rendu contre eux par la Cour d'Assises du Gard.

AVIGNON,

Chez Fr. SEGUIN AÎNÉ, rue Bouquerie, n.º 7.
1816.

AVANT-PROPOS.

Fatiguée des tourmentes révolutionnaires, la France commençait à respirer sous le gouvernement paternel des Bourbons; et Louis XVIII, occupé sans relâche du bonheur de son peuple, avait déjà cicatrisé quelques-unes de ses blessures profondes, suites malheureuses de vingt-cinq années de désordre et d'anarchie. Le fléau destructeur de la guerre semblait pour jamais s'être éloigné de nous; les autels étaient redressés; le commerce avait repris son ancienne activité; l'agriculture, les sciences et les arts commençaient à refleurir : la France en un mot se voyait toujours forte et puissante.... Un seul instant a suffi pour nous replonger dans ce gouffre épouvantable d'où nous sortions à peine.... Buonaparte quitte les rochers de l'isle d'Elbe, il débarque; la guerre, la terreur et la mort le précèdent; la crainte et la stupeur sont empreintes sur tous les visages. Des troupes infidelles et parjures se rangent sous les drapeaux de l'usurpateur : il s'avance avec la rapidité de l'éclair; ses aigles viennent se reposer sur les tours de la capitale, et, pour épargner le sang de ses peuples, Louis XVIII s'en éloigne. Dans cette crise épouvantable, on put espérer un instant que S. A. R. Mgr. le duc d'Angoulême sauverait la France; et sans doute il l'eût sauvée, sans la perfidie et l'infâme trahison de plusieurs corps de troupes de ligne. L'armée de ce prince était composée de plusieurs régimens restés fidèles à la cause royale, de trois mille volontaires-royaux de Nismes, et de différens corps levés à la hâte dans les Départemens du Midi, et principalement à Marseille, Montpellier,

Toulouse, Avignon, etc. A la tête de ces braves, le petit-fils d'Henri IV part de Nismes, s'avance au Pont St-Esprit ; il s'empare de Montélimart, bientôt il occupe Valence, menace Lyon, et sans aucun secours des Puissances de l'Europe coalisée les Français eux-mêmes allaient renverser l'usurpateur.

Une trahison, dont l'Histoire offre bien peu d'exemples, rendit inutile tant de courage et de dévouement : et pendant que l'honneur français semblait s'être réfugié tout entier aux champs de la Drôme, des soldats rebelles et parjures proclament à Montpellier, à Nismes et dans plusieurs villes du Midi le gouvernement impérial ; des colonnes formidables s'ébranlent à la voix de quelques généraux perfides, et menacent les derrières de l'armée royale. Dans une circonstance aussi pénible, Mgr. le Duc d'Angoulême, hors d'état d'opposer une longue résistance, ne voit de danger que pour les braves qui ont si généreusement suivi ses drapeaux : il veut les soustraire au sort affreux dont ils sont menacés. Une capitulation honorable est le seul moyen qui soit en son pouvoir ; il la propose : on l'accepte avec empressement ; elle est ratifiée par l'usurpateur, et, au mépris d'une convention respectée même des peuples les plus barbares et les plus féroces, les volontaires-royaux sont arrêtés, dépouillés : ils sont poursuivis à coups de pioche, à coups de faulx.... égorgés, massacrés.... une fourche meurtrière attache à la terre leurs cadavres sanglans....! Je m'arrête.... et prie le lecteur de recevoir avec indulgence les pièces que je lui présente ; elles ont été recueillies par le procédé *sténographique ;* peut-être laissent-elles beaucoup à désirer, sous le rapport de la rédaction, mais elles sont, en tout, conformes à la plus exacte vérité.

DISCOURS

Prononcé par M. BERNARD, Procureur-Général, après les débats.

~~~~~~~~

Messieurs les Jurés,

Depuis six jours, cette enceinte retentit du récit des crimes les plus affreux, et qui auraient révolté les ames les moins sensibles....; combien les vôtres en ont été déchirées ! ! !

Cependant, Messieurs, il faut encore vous armer de courage......; je dois remettre sous vos yeux le douloureux exposé de tous les faits qui appartiennent à cette horrible cause, parce que leur ensemble doit servir à fixer votre opinion sur le caractère et la nature des crimes qui font l'objet de l'accusation....; je réunirai ensuite sur chaque accusé les faits particuliers qui le concernent, et dont la preuve est acquise par les débats.

Mais, Messieurs, avant d'arriver à la sanglante journée du 11 avril, il n'est pas inutile de faire connaître rapidement les événemens qui l'amenèrent.

Buonaparte avait opéré son fatal débarquement le premier mars 1815 ; Mgr. le duc d'Angoulême en fut instruit à Bordeaux, et il se hâta de chercher dans le courage et la fidélité des habitans des contrées méridionales, les moyens d'arrêter les progrès de l'usurpateur.

L'esprit public de ces contrées promit au Prince, et dès ses premiers pas, le succès de sa noble résolution : partout, le plus généreux enthousiasme éclata sur son passage....; partout, les habitans le saluèrent comme leur libérateur, et coururent en foule se ranger sous les drapeaux de cet auguste dépositaire des dernières ressources de la France.

Des hommes de tout âge, de toute condition, s'arrachant à leurs études, à leurs travaux, à leurs affaires, à leur fortune, et n'écoutant que la voix de l'honneur et de la patrie, voulurent marcher dans les rangs comme de simples soldats....; d'anciens militaires reprirent leur épée pour mourir, s'il le fallait, en défendant le trône d'Henri IV, sous la conduite d'un de ses petits-fils.

Des magistrats abandonnèrent leurs paisibles fonctions pour courir les dangers de la guerre, tandis que d'autres siégèrent encore pour protéger les amis du Roi, et ne pas livrer le pouvoir à des hommes qui s'en seraient servi contre les défenseurs du trône

Les mères conduisirent elles-mêmes leurs enfans au Prince; les épouses qui n'avaient pas d'enfans, ou dont les enfans étaient encore trop jeunes, accompagnèrent leurs maris....; pas une seule larme, pas le moindre sentiment de foiblesse, ne marqua la séparation des mères de leurs enfans; des épouses et de leurs époux.....: dans toutes les classes, dans toutes les conditions tout fut honneur, courage et dévouement.....

Pendant que ceux qui étaient en état de porter les armes marchaient pour aller reconquérir le patrimoine des Bourbons, que la trahison avait déjà livré à l'usurpateur, des administrateurs, aussi fidèles qu'habiles, choisis par le Prince, dignes de toute sa confiance, devaient maintenir dans l'intérieur la tranquillité publique, y comprimer les ennemis du trône, et organiser militairement les nouveaux défenseurs qui se présentaient chaque jour en grand nombre; car, plus les obstacles paraissaient se multiplier, plus les habitans de Nismes montraient de dévouement et d'ardeur....!!!

Que je voudrais, Messieurs, pouvoir m'arrêter longtemps pour admirer avec vous un si noble, un si généreux, un si pur dévouement!!! Comme le voyageur, qui, ayant une route pénible et douloureuse à faire, puise des forces sous un abri agréable, j'en puiserais pour parcourir désormais, et vous faire parcourir avec moi, des lieux qui ne sont que le théâtre de la trahison, de la perfidie....; des lieux ensanglantés par les crimes les plus horribles....; des champs de carnage et de mort.....

Oui, Messieurs, encore quelques pas, et nous voilà sur les lieux où les plus grands crimes ont été commis...; où nous n'entrerons qu'avec horreur; mais, où nous resterons jusqu'à ce que nous y ayons reconnu les coupables, pour les livrer au glaive des lois.....

Vous avez vu, Messieurs, avec quel dévouement les habitans de la ville de Nismes et de quelques cités voisines étaient accourus sous les drapeaux du Prince; la réunion des forces destinées à défendre la cause royale, était imposante; le plan le plus sagement conçu devait la faire triompher....: l'armée, pleine de courage et d'ardeur, s'était avancée jusqu'à Romans, lorsque des défections imprévues la forcèrent à un mouvement rétrograde..., et à chaque moment les dangers augmentèrent pour elle.

L'étendard de la révolte fut levé à Nismes, le 3 avril, et le drapeau tricolore y prit la place du drapeau blanc.

Les rebelles devinrent de jour en jour plus forts et plus audacieux..., bientôt même, l'armée royale fut près d'être enveloppée de toutes parts.... L'auguste Prince qui la commandait, n'entrevoyant pas même la possibilité de s'ouvrir un passage à travers ses ennemis; ne voulant d'ailleurs ni verser inutilement le sang, en prolongeant une lutte que la trahison avait rendue trop inégale, ni abandonner, sans convention et sans sûreté pour eux, de généreux serviteurs qui s'étaient attachés à sa fortune, se vit réduit, pour le salut de cette fidèle armée, à traiter avec des rebelles....

Une capitulation fut donc proposée, et M. le baron de Damas se rendit à la Palud pour la conclure.

Elle fut signée le 8 avril 1815.

Par l'article premier, l'armée royale était licenciée, et les volontaires-royaux devaient rentrer dans leurs foyers, après avoir déposé leurs armes : les officiers cependant devaient garder leur épée.

Cet article garantissait, par une disposition expresse, aux volontaires-royaux, pleine et entière sûreté pour leurs biens, et surtout *pour leurs personnes*.

Le Prince devait lui-même s'embarquer à Sette, et se retirer où il lui plairait....; on voulut le retenir et violer l'article le plus sacré de la capitulation....!! Mais la France entière, même la France infidèle, eut horreur de tant de perfidie....; elle jeta un cri d'indignation et de douleur, et le Prince fut sauvé.

En vertu de la capitulation, l'armée fut dissoute; les volontaires-royaux qui la composaient se mirent en marche pour se rendre chez eux par des routes différentes; le plus grand nombre avait déposé ses armes; mais plusieurs ayant été menacés, insultés, frappés, assassinés même et jetés dans le Rhône, les chefs de quelques détachemens leur conseillèrent de rester armés, pour se garantir de toutes violences, jusqu'à ce qu'ils fussent arrivés dans leur domicile.

Le détachement qui était principalement composé des habitans de Nismes, garda donc ses armes, et le 9 il se mit en marche pour revenir dans cette ville.

Il devait traverser le village d'Arpaillargues, parce que c'était le chemin le plus court.

Dès le 10, plusieurs habitans de cette commune coururent la campagne, en troupe de cinq ou six, pour les dévaliser....

Ce même jour 10, un petit détachement de cinq ou six volontaires-royaux arriva, sur les neuf heures du matin, près d'Arpaillargues; ces volontaires-royaux ayant entendu le tocsin, voulurent éviter d'entrer dans le village, et ils s'en détournèrent en effet.

Ce furent les sieurs *Lambert, Reynaud, Planterin, Servan, Boula* et *Lautret*, qui ont déposé les premiers.

Ils vous ont dit qu'ils eurent à peine dépassé le village, qu'ils furent assaillis par une troupe de furieux qui les ramenèrent, en proférant contre le Roi et contre Mgr. le duc d'Angoulême des injures si horribles, que ma bouche se refuse à les répéter...: ils furent frappés à coups de bâtons, de crosses de fusils et de gibernes........

Jean-Louis Boucarut était à leur tête, et disait : *il faut les tuer tous....*

Après avoir souffert pendant long-temps qu'ils fussent outragés et frappés, Boucarut dit à haute voix : *Il faut mettre ces brigands en prison*; *j'enverrai un exprès à Uzés, et suivant les ordres qui arriveront, nous les renverrons*, ou NOUS LES FUSILLERONS.

Cependant, on en fit mettre quelques-uns à genoux, en leur disant de faire leurs prières, qu'on allait les fusiller...; mais on les conduisit en prison, en les accablant de coups tout le long du chemin.

Lorsqu'ils furent en prison, un homme en fureur vint leur demander leurs papiers; ils les remirent.

Parmi ces papiers, se trouvaient des lettres de leurs femmes, de leurs enfans, de leurs parens, de leurs amis, qui, pénétrés comme eux d'amour et de dévouement pour l'auguste famille des Bourbons, se plaisaient à rappeler ces noms chéris; en lisant ces noms, la rage des brigands redoublait, et l'un d'eux même chargea son fusil, en menaçant de tuer ces malheureux.

Ils furent ainsi retenus prisonniers toute la journée, pendant laquelle on les abreuva d'humiliations: ayant demandé de l'eau, on leur en apporta la hauteur de trois doigts au fond d'un sceau, pour six ou sept qu'ils étaient...: encore était-elle remplie de paille....!!

Deux des accusés présens ont été reconnus aux débats pour auteur des vols et des mauvais traitemens qui furent fait aux volontaires-royaux, incarcérés pendant la journée du 10; ce sont les accusés *Barri* et *Bresson*.

Ces premières violences sont punissables sans doute: c'était une violation du droit des gens, c'était un attentat à la liberté individuelle, que d'arrêter dans leur marche, que de jeter dans les prisons des citoyens paisibles qui, sur la foi du plus saint des traités, une capitulation de guerre, retournoient dans leurs familles...: c'étaient des crimes que de les dépouiller, de les frapper, de les accabler de mauvais traitemens; mais ces violences, ces spoliations disparaissent, pour ainsi dire, devant les grands crimes qui ont été commis le lendemain 11.

Presque tous les témoins vous ont dit, Messieurs, qu'un détachement d'environ soixante-quatre gardes-royaux, la plupart habitans de Nismes, se retirant dans leur famille, avaient pris la route qui passe à Arpaillargues.

Il arrivèrent à Montaren quelque temps avant le coucher du soleil.

Le maire de cette commune, le sieur *Pierre Abrial*, prévenu de leur arrivée, vint à leur rencontre à l'entrée du village, et leur demanda ce qu'ils voulaient ?

Ils répondirent qu'ils étaient des volontaires-royaux qui se retiraient à Nismes ; qu'ils ne demandaient qu'à traverser le village, et qu'ils s'y conduiraient paisiblement.... Le maire de Montaren ne s'opposa point à leur passage ; il voulut même les protéger par sa présence, et il les protégea en effet. Nous voulons donner ici au Maire de Montaren les éloges que sa conduite a mérités : au milieu des crimes dont cette journée fut souillée, le cœur a besoin de trouver quelques bonnes actions. C'est à la prudence et à la fermeté de ce Maire, que les habitans de Montaren doivent peut-être d'avoir été garantis de participer aux crimes commis dans Arpaillargues : quelle reconnoissance ne lui doit donc pas la commune de Montaren....! Et puisque le sieur *Abrial* a rempli ses devoirs avec honneur et courage, qu'il en reçoive la plus honorable récompense par l'estime, la considération publique et celles de ses supérieurs dont nous l'assurons aujourd'hui...

Si les volontaires-royaux furent respectés et protégés à Montaren par le Maire *Abrial*, de leur côté ils se conduisirent avec sagesse ; ils évitèrent avec soin de causer le moindre désordre, et après s'être procuré quelques rafraîchissemens, ils prirent le chemin d'Arpaillargues, espérant d'y trouver le même accueil.

Avant d'y arriver, environ douze ou quinze d'entre eux se détachèrent des soixante-quatre, de sorte qu'il n'y en eut plus qu'environ cinquante, qui se présentèrent à Arpaillargues à cinq heures du soir.

Déjà ils avaient été annoncés dans le village par le nommé *Bertrand*, cocher de M. de Raffin, qui, à cheval, avait parcouru les rues, en criant que des *Miquelets* qui revenaient de Lapalud, et qui allaient arriver, avaient, en passant dans la commune de Serviés, pillé les maisons, violé les femmes, et les avaient ensuite jetées par les fenêtres...

D'autres habitans répandaient dans le village, que les volontaires-royaux avaient assassiné quarante familles de protestans, et quarante ministres à Valence.

Rien n'était plus faux, Messieurs, que cette accusation.

Vous avez vu comment les volontaires-royaux s'étaient conduits à Montaren ; hé bien ! partout où ils avaient passé, ils avaient conservé le bon ordre ; partout ils avaient eu une conduite sage et honnête.

Cependant on peut croire que ces faux bruits donnèrent des inquiétudes aux habitans d'Arpaillargues, et leur inspirèrent des alarmes ; ils crurent sans doute devoir prendre des précautions, pour se défendre contre ceux qu'on leur annonçait comme des ennemis, comme des brigands....

Aussitôt le tocsin sonna et la générale battit.

Boucarut parcourut les rues, une épée nue à la main, engageant les habitans à prendre les armes, et leur distribuant des cartouches.

Un grand nombre d'habitans, et de voisins du village d'Arpaillargues, accourus au bruit du tocsin et de la générale, s'armèrent de différentes manières ; les uns, de bâtons, au bout desquels ils attachèrent des couteaux ; les autres, de broches ; ceux-ci, de fourches et de fourcas ; ceux-là, de faux emmanchées à rebours, de bêches, et de toute espèce d'instrumens d'agriculture ; plusieurs avaient des armes de guerre, des fusils avec ou sans baïonnette, et des sabres.

On ne peut se dissimuler, Messieurs, que la nouvelle répandue par *Bertrand*, toute fausse qu'elle était, n'ait pu inspirer des craintes aux habitans, et les porter à préparer leurs défenses : aussi les magistrats qui ont voté sur la mise en accusation, n'ont point vu dans le rassemblement armé qui se forma à Arpaillargues, le projet, le complot de commettre des assassinats sur les volontaires-royaux, et de les dépouiller ; ils n'ont vu cette intention que dans les individus qui se sont rendus coupables de meurtres, de violences et de vols, et ce ne sont aussi que ceux-là qui ont été mis en accusation ; ce sont les seuls sur le sort desquels vous ayez à prononcer....

A leur égard, Messieurs, vous aurez à décider, si les meurtres et les tentatives de meurtres, ont été commis avec *préméditation* et de *guet-apens*, comme le porte l'acte d'accusation : ce sera là la circonstance la plus importante sur laquelle vous aurez à délibérer, parce que c'est la plus grave, puisque c'est celle qui soumet les coupables à la peine capitale. Mais comme la *préméditation* s'induit de faits qui paroissent quelquefois indifférens, et qui cependant sont concluans ; comme elle s'induit des circonstances qui forment les accessoires du crime, il devient très-important de bien connaître les moindres circonstances que j'appelle les accessoires du crime.

Je vais donc, Messieurs, exposer a vos yeux, avec une scrupuleuse fidélité, non-seulement les faits principaux, mais toutes les circonstances prouvées par les débats, lors de l'arrivée des volontaires-royaux à Arpaillargues en présence du rassemblement armé.

Ce rassemblement s'était placé à l'entrée du village, et avait établi au devant de lui des charrettes pour fermer le passage aux volontaires-royaux.

Les habitans d'Arpaillargues avaient cependant reçu la veille l'ordre écrit du commandant de la place d'Uzès, de laisser passer les volontaires-royaux; c'est ce qu'a dit *Mathieu Mazel*, accusé, qui avait lui-même apporté cet ordre d'Uzès.

Les volontaires-royaux ayant vraisemblablement aperçu de loin cet appareil d'hostilité, mais n'ayant eux-mêmes que des intentions pacifiques, s'avancèrent en faisant des démonstrations de paix et d'amitié.

Tous, ils mirent la crosse de leurs fusils en l'air; au bout de cette crosse, quelques-uns avaient placé leurs chapeaux ou leurs schakos; d'autres les tenaient à la main.

Ainsi tous, ils se présentèrent presque en supplians...... la tête découverte....

Celui qui marchait le premier, *Fournier*, tenait à la main un simple fleuret, tout à la fois symbole de la valeur, de la paix, et de l'amitié, aux jeux de laquelle il concourt souvent...

Le lâche et insolent *Boucarut*, retiré derrière ses retranchemens, ayant demandé aux volontaires-royaux ce qu'ils voulaient, *Fournier* répondit, d'un ton modéré et honnête, qu'ils n'avaient que le désir de passer dans le village, pour se rendre à Nismes, leur domicile.

Alors les habitans d'Arpaillargues exigèrent d'eux qu'ils remissent leurs armes.

C'était forcer sans doute à un grand sacrifice des hommes pleins de courage et de valeur, et qui pouvaient, avec ces armes imposer eux-mêmes des conditions....; mais les volontaires-royaux n'ayant, comme je l'ai dit, que des intentions pacifiques, voulant traiter en amis les habitans sur le territoire desquels ils prenaient passage, ne voulant surtout fournir aucun prétexte à une agression, rendirent sur-le-champ leurs armes.

A peine se furent-ils désarmés, à peine les habitans d'Arpaillargues se virent-ils sans crainte, que, comme tous les lâches, ils se montrèrent plus audacieux.

Ils exigèrent que les volontaires-royaux criassent *vive l'empereur*.

Quelques-uns d'eux, espérant obtenir par leur condescendance le passage qu'ils sollicitaient, et éviter ainsi toute effusion de sang, proférèrent cet odieux cri...., alors que leur cœur démentait leur bouche.

Qui aurait pu douter, Messieurs, que lorsque les volontaires-royaux s'étaient présentés en concitoyens et en amis;

Lorsqu'ils s'étaient montrés si dociles à faire tout ce qu'on leur avait demandé;

Lorsqu'ils s'étaient désarmés volontairement....

Lorsqu'ils s'étaient mis dans l'impuissance absolue de nuire aux habitans d'Arpaillargues;

Lorsqu'ils s'étaient mis même entièrement à leur discrétion, à leur merci :

Qui aurait pu douter, dis-je, que les habitans d'Arpaillargues ne fussent touchés de cette condescendance, de cette docilité, de cette soumission de la part de jeunes gens, presque tous exercés au maniement des armes, pleins de force et de vigueur, comme vous vous en êtes convaincus, Messieurs, lorsque vous les avez vu paraître aux débats; qui non-seulement auraient été en état de se défendre, s'ils l'eussent voulu, mais qui n'eussent pas attaqué sans succès....?

Qui aurait pu douter que les habitans d'Arpaillargues ne les eussent accueillis en voisins, en amis....?

Hé bien ! Messieurs, les volontaires-royaux n'eurent pas plutôt donné des preuves de leurs bonnes intentions et de leur soumission, qu'une vive fusillade en renversa quatre à terre....

Je l'entends encore cette horrible explosion...!! Déjà elle

déchire mon ame...!! cependant elle ne fut que la scène la moins affreuse de cette sanglante tragédie ; mais elle devint le signal du carnage....

Et c'est ainsi qu'une fois entré dans la funeste carrière du crime, on est condamné à la parcourir toute entière...!!!

Si quelques volontaires-royaux, épargnés par les premiers coups de feu, cherchent leur salut dans la fuite, ils sont poursuivis à travers les champs, fusillés... percés de coups... assassinés... : on leur donne la chasse comme à des bêtes féroces ; *on les poursuit comme des chiens*, a dit *Henry Ribaud*, fils de *Jacques*... ; on les dépouille ensuite.... ; on les met nuds... entièrement nuds.

Au milieu de cette tourbe de lâches, de perfides, de barbares, il se trouve un homme humain, courageux, le sieur *Jacques Portal* fils.

Jean Durand vous a dit qu'il le vit entrer dans les rangs des volontaires-royaux pour leur promettre qu'il ne leur serait point fait de mal ; il revint ensuite conjurer les habitans d'Arpaillargues de les laisser passer et de ne leur faire aucun mauvais traitement ; il ne se retira, les larmes aux yeux, a dit un témoin, que quand il eut reconnu que ses efforts étaient inutiles....

Qu'il serait heureux, Messieurs, de pouvoir citer quelques traits semblables ; ils reposeraient votre âme fatiguée des horreurs dont elle est environnée.

Mais le sieur *Jacques Portal* fils fut le seul qui chercha à garantir les volontaires-royaux de la fureur des habitans ; et ne soyez pas étonnés, Messieurs, qu'il ait été le seul.... : IL N'ÉTAIT PAS D'ARPAILLARGUES, il était d'Uzès, et il se trouvait par hasard, ce jour, dans ce village.

Les habitans en petit nombre qui ne trempèrent pas leurs mains dans le sang, restèrent passifs et immobiles, alors que, sous leurs yeux, on commettait les plus horribles cruautés sur les volontaires-royaux.

Quatre d'entre eux, *Fournier*, *Calvet*, *Chambon* et *Charrai*, avaient été abattus, et étaient restés au pouvoir de leurs assassins.

Sans doute leur douloureuse situation amollira le cœur de ces barbares....

Ils donneront quelques secours à des hommes baignés

dans leur sang, et dont la vie est en danger.......

Non, Messieurs, les hommes, les femmes se précipitent sur ces malheureux pour les torturer, pour les déchirer... pour leur faire de nouvelles plaies...

Quelques femmes surtout se montrèrent plus féroces encore que les hommes. Les unes criaient ; *Il faut tuer, il faut tuer* ; (c'est ce qu'a dit *Boic*, cinquante-troisième témoin). Celles qui n'avaient pas des armes, frappaient les volontaires-royaux et les souffletaient (*César Dubois* l'a déposé) ; celles qui étaient armées épuisèrent sur *Fournier* tous les raffinemens de la cruauté.

Lorsqu'on s'apercevait que ce malheureux faisait quelques mouvemens, on se hâtait de lui donner des coups de fourche dans toutes les parties du corps... : oui, une femme lui plongea sa fourche si profondément dans le ventre, qu'elle fut obligée d'employer tous ses efforts pour la retirer.... ; une autre lui lança des coups de ciseaux dans le visage.

Après l'avoir déchiré dans tous les sens, on le dépouilla, on le mit nud, (le procès-verbal de levée de son cadavre le constate), et on le jeta au coin d'une rue... : on refusa de le transporter à l'hôpital, sous prétexte qu'il n'en valait pas la peine... ; il conservait cependant encore un reste de vie, et il en donna quelques signes pendant la nuit.. ; hé bien ! on lui écrasa la tête avec une grosse pierre....

Chacun des habitans sembla ambitionner l'horrible gloire de concourir à les massacrer... Parce qu'ils étaient féroces, ils se croyaient braves...!!

Ce malheureux *Fournier*, que de supplices ont précédé sa mort...!!

Ma bouche, mon cœur sont déjà fatigués de vous avoir retracé de pareilles horreurs...

Cependant il faut vous en rappeler d'autres encore.

Calvet, habitant de Nismes, marié depuis peu, avait aussi été blessé à mort : étendu à terre et baigné dans son sang, il reçut encore plusieurs blessures.

Un individu, que les témoins n'ont pas connu, le déchira avec sa faux, et lui enleva la paupière supérieure...

Une femme, un monstre, la *Coulourgole*, lui enfonça, de temps en temps, sa fourche en fer dans le corps.

En vain il la supplia, de la manière la plus touchante, de mettre un terme à ses cruautés ; *madame, c'est assez...*, *madame, c'est assez*, lui dit-il plusieurs fois ; la rage de cette furie ne se ralentit point.

Cependant *Calvet*, ramassant ce qui lui restait de forces, parvint à se relever, et il se traîna péniblement du côté de la maison de la femme *Vincent*, poursuivi encore par la *Coulourgole* qui lui faisait de nouvelles blessures.

Là, il chercha quelque repos, quelque adoucissement à ses souffrances... : il s'appuya contre la maison *Vincent*, et demanda quelques gouttes d'eau... : mais la propriétaire de cette maison s'écria *que, s'il ne se retirait pas plus loin, il fallait achever de le tuer...*

Alors le malheureux *Calvet* se traîna plus loin...

Sur les dix heures du soir, il fut jeté dans une charrette, étant alors dans la plus douloureuse agonie.... Il expira en effet bientôt après sur les genoux même de *Chambon*.

Ainsi voilà, Messieurs, deux assassinats.

Le corps de délit est prouvé par un procès-verbal de vérification du cadavre de *Fournier*, et par les déclarations orales de plusieurs témoins, qui ont vu *Fournier* et *Calvet* sans vie.

Fournier et *Calvet* ne furent pas les seuls qui perdirent la vie dans cette funeste soirée ; mais il n'a pas été possible de faire le dénombrement exact des volontaires-royaux qui n'ont plus reparu, et qui par conséquent sont présumés avoir péri.

Cette connaissance au reste n'était pas nécessaire à acquérir pour le jugement des accusés ; un seul volontaire-royal eût-il perdu la vie, la justice doit venger sa mort sur tous ceux qui ont contribué à la lui donner.

Mais deux assassinats au moins ont été commis à Arpaillargues dans la soirée du 11 avril.

Il fut commis aussi *des tentatives d'assassinats* sur d'autres volontaires-royaux.

Ceux sur lesquels ces tentatives d'assassinats furent exercées

tées avec le plus de cruauté, furent les sieurs *Jacques Charrai* et *Claude Chambon* habitans de Nismes.

Charrai cherchait à fuir, lorsqu'un habitant d'Arpaillargues, armé d'un fusil, le mit en joue pour faire feu sur lui : il en fut cependant empêché ; mais alors il assena sur la bouche de *Charrai* un coup du canon de son fusil ; il lui assena encore deux coups de crosse dans les épaules, et plusieurs coups dans l'estomac ; dans le même moment *Charrai* reçut d'un vieillard un coup de baïonnette dans les reins.

Charrai fut ensuite arrêté pour être mis en prison : mais avant d'y être conduit, il resta plus de deux heures sur la place publique, exposé aux outrages de tous les habitans et aux plus mauvais traitemens.

Pendant qu'il était sur la place, assis sur une chaise, la tête appuyée sur le dossier, perdant tout son sang, il fut reconnu par le nommé *Guillaume Martin*, qui lui dit : Tu es là, *Jacques* ? *Charrai* crut qu'il pouvait réclamer la protection de cet homme, puisqu'il en était connu, et il la réclama en effet ; mais ce barbare se reculant, le mit en joue, et lui dit : *Je ne sais ce qui me tient de te fusiller*.

Dans la soirée, il fut tiré de la prison pour être jeté dans une charrette et de là conduit à Uzès.

Claude Chambon fut une des plus malheureuses victimes de cette journée....

Il se sauvait à travers les champs, après avoir échappé à la première fusillade, lorsqu'il fut arrêté par un habitant d'Arpaillargues.

D'autres habitans armés l'investirent aussitôt :

L'un lui donna deux coups de baïonnette ;

Un autre, un coup de broche ;

Un autre, un coup de fourche dans les reins ;

Un vieillard, c'était *Boisson*, lui lança un coup de pointe de sabre dans le bas ventre : ayant eu le bonheur de le parer avec la main, ce vieillard lui assena cinq coups du même sabre sur la tête, fendit son schakot, et lui fit plusieurs blessures dans la partie supérieure de la tête.

Un autre habitant lui tira un coup de fusil qui lui perça la cuisse droite.

Il eut assez de courage pour étancher le sang de cette blessure, et il se sauvait encore, lorsqu'il fut arrêté une seconde fois.

On l'accabla aussitôt de coups de bâtons.

Déjà affaibli par le grand nombre des blessures qu'il avait reçues (il en avait reçu quatorze), ayant perdu une grande quantité de sang, il tomba sur le carreau, on le crut mort, et il y resta sans secours jusques vers les dix heures du soir.

Alors plusieurs individus vinrent le prendre par les jambes, le traînèrent dans l'intérieur du village, et le jetèrent sur un tas de fumier, où ils se disposèrent à l'enterrer.

Mais s'étant aperçus qu'il n'était pas encore mort, ils le prirent de nouveau par les jambes, le traînèrent le long de la rue, et le laissèrent dans l'allée d'une maison.

Ils allèrent ensuite chercher le corps de *Fournier* qu'ils croyaient mort, l'amenèrent dans cette même allée, le jetèrent sur *Chambon*, couvrirent l'un et l'autre de ronces et d'épines qu'ils foulèrent sur eux avec les pieds.

Ils laissèrent *Charrai* dans cet état pendant plus d'une heure.

Sur les onze heures et demie, on vint l'en tirer pour le jeter dans une charrette, ainsi que *Charrai* et *Calvet* qui n'était pas encore mort, et qui expira peu de temps après.

Chambon vous a dit qu'étant dans la charrette, il implora plusieurs fois la pitié de ses conducteurs pour obtenir quelques gouttes d'eau, mais qu'on lui en refusa toujours, en l'accablant d'outrages.

Ne sachant où on le conduisait, il le demanda : quelle réponse obtint-il ? le croirez-vous, MM. ; *qu'on allait le jeter au cadereau, (à la voirie.)*

Pouvait-on porter plus loin la barbarie !!!

Cette réponse toute seule est digne du dernier supplice..; celui qui l'a faite était nécessairement un complice des assassins...., et aussi nous regrettons de ne pas le connaître.

Cependant *Chambon* et ceux qui étaient avec lui sur la charrette furent conduits à l'hôpital d'Uzès par les soins de M. *Robin*, juge de paix d'Uzès, qui était venu le soir même du 11 avril, à Arpaillargues : il sut au milieu des brigands faire reconnaître et respecter son autorité... ; ils devaient craindre en effet les ministres de la justice, qui ne les épargneront jamais... C'est à la fermeté, c'est au courage de M. *Robin*, que les prisonniers dûrent la conservation de leur vie... : il a rempli ses devoirs avec honneur.... Que ce digne magistrat reçoive aujourd'hui par ma bouche, le témoignage de l'estime et de la reconnaissance publiques.

Je ne vous ai encore parlé, Messieurs, que de *Fournier*, *Calvet*, *Charrai* et *Chambon* ; mais ils ne furent pas les seules victimes de cette funèbre journée : les débats vous ont appris, Messieurs, qu'un grand nombre encore d'autres volontaires-royaux furent outragés, dépouillés, et grièvement blessés.

On leur jeta des pierres ; on les frappa à coups de bâtons, de bêches, de crosses de fusil : on leur donna même de si violens coups de crosses, qu'un des fusils en fut cassé.

On leur donna des coups d'épées, de baïonnettes, de sabres et de couteaux de chasse.

Jean Saunier reçut un coup de baïonnette dans le bras droit ; il vous en a montré la cicatrice.

Une femme voulut enfoncer ses ciseaux dans le col de l'un d'eux ; c'est ce que vous a dit le témoin *Lautret*.

J. B. Jubert fut horriblement maltraité ; il vous a dit qu'après avoir vu tomber *Fournier* et *Calvet* qu'on déchirait, il chercha à se sauver ; que lorsqu'il fuyait, on lui tira un coup de fusil à plomb, qui heureusement donna dans son schakot.

Il vous a dit qu'un *enfant* de 13 à 14 ans, voulut lui enfoncer une fourche de fer à un seul bec dans le ventre ; qu'ayant détourné le coup, ce jeune scélérat passa derrière lui, lui donna deux coups de manche de sa fourche sur la tête.

Il vous a dit qu'un vieillard, à cheveux blancs, armé d'un fusil rouillé, baïonnette au bout, lui lança sa baïonnette dans le ventre, qu'il eut le bonheur d'esquiver ; qu'il n'eut que la peau écorchée, son pantalon et sa chemise déchirés ;

Qu'étant encore parvenu à s'échapper, une troupe d'habitans lui coupa les avances ; que l'un d'eux armé d'un grand sabre, lui dit qu'il n'était pas digne de porter l'habit militaire, et qu'il l'en dépouilla; qu'un autre lui donna trois coups de bâton sur l'épaule droite; un autre deux coups de crosse de fusil dans le dos, et qu'ensuite il fut mis en prison.

Pierre Nouvel a reçu une balle à la cuisse.

Louis André vous a dit qu'un vieillard, si faible et si chancelant que d'une main il était obligé de se servir d'une petite canne pour se soutenir, tenait une épée de l'autre dont il lui donna plusieurs coups : malheureusement il ne l'a pas connu, mais il a connu *Boisson* qui, après lui avoir pris son fusil, lui donna un coup de la crosse sur la tête.

Des témoins ont entendu dire à un habitant d'Arpaillargues (à *Verdus*, dit la *Grand-main*), qu'il s'était mis derrière un arbre avec un fusil, et *qu'il avait joliment seringué les volontaires-royaux;* c'est ce qu'a déposé *Jean Durand*.

Boisson, faisant trophée d'une fourche de fer dont le manche était encore ensanglanté le lendemain, disait en la montrant, *leïs avén bén coufflas;* c'est ce qu'a déposé *Henri Ribaud*, fils de *Jacques*.

On a entendu encore un nommé *Cordier*, dire, en montrant sa fourche : *c'est cette fourche qui a bien travaillé*.

Paul Aimé fut grièvement blessé, vous ont dit plusieurs témoins.

Delon vous a dit qu'il fut accosté par un jeune homme qui lui demanda son sac; qu'il le lui remit : mais qu'il ne le lui eût pas plutôt remis, que ce jeune homme lui tendit un coup de sabre.... Que, s'étant mis à courir, ce jeune homme lui tira un coup de fusil qui traversa la manche de sa veste, et lui effleura le poignet.

César Dubois vous a dit qu'une femme armée d'un couteau, vint l'en frapper, mais qu'il eut le bonheur de parer le coup avec la main gauche; il vous a montré la cicatrice que ce coup lui a laissée sur le poignet...; il vous a dit encore que d'autres femmes vinrent le souffleter.

Un grand nombre de volontaires-royaux, outre *Fournier*, *Calvet*, *Charrai* et *Chambon* ont reçu des coups de feu, dont plusieurs ont été atteints.

Jean Ribaud vous a dit qu'il avait vu trois habitans frapper à la fois un militaire étendu à terre.

Pierre Chabert a reçu deux coups de feu dans ses habits.

Jacques Roche a reçu un coup de feu à l'épaule.

Pierre Michel vous a dit qu'il avait été blessé grièvement sans connaître ses assassins.

Pierre Tallard vous a dit qu'on lui avait tiré trois coups de fusils, un à balle, deux à gros plomb; qu'il avait été encore blessé d'un coup de fourche à la jambe; mais qu'il n'avait point connu ceux qui avaient tenté de l'assassiner.

François Pénitier vous a dit qu'outre le coup de fusil que lui tira *Surian*, dans le pré de M. *Montesse*, il lui en fut tiré deux autres dont il n'a pas connu les auteurs.

Il vous a dit encore, qu'étant tombé en fuyant au milieu d'une tourbe d'habitans, on lui assena des coups de bâtons sur toutes les parties du corps; que, dans l'espérance de les adoucir, il leur dit qu'il était marié, mais que cette qualité d'homme marié devint pour les assassins un motif pour redoubler les coups de bâtons, parce qu'il leur devenait plus odieux, pour avoir montré plus de dévouement à son Roi, en abandonnant son épouse pour voler à son service.

Pierre Michel vous a dit aussi, qu'ayant invoqué sa qualité de mari et de père pour adoucir la fureur de ses ennemis, cette qualité ne fit qu'accroître leur rage, et lui valut un redoublement de coups de bâtons.

Voilà, Messieurs, voilà comment ont été traités les volontaires-royaux....!!! et encore toutes les victimes de la journée du 11 avril n'ont pas paru devant vous.!!!

Quand on les avait frappés, blessés, déchirés, on leur prenait ensuite leurs sacs et tous les effets qu'ils contenaient; on les fouillait pour prendre leur argent.....

On les dépouillait même des habillemens qu'ils avaient sur le corps; aux uns on ne laissait que leur chemise, à d'autres on la leur enlevait, on les laissait entièrement nus.

Le témoin *Mazoyer* vous l'a dit ainsi.

Nicolas Méric a déposé encore que *Bresson* lui avait fait donner sa chemise.

Vous avez sans doute remarqué, Messieurs, que les témoins n'ont pas connu tous ceux qui ont été les auteurs des assassinats et des tentatives d'assassinats.

Mais, les faits, les crimes n'en sont pas moins constans, le corps de délit est bien prouvé.

Or, quoique les auteurs de ces crimes ne soient pas connus, ou qu'ils ne soient pas mis en jugement aujourd'hui, ces crimes ne doivent pas moins être imputés à ceux qui d'une manière quelconque, ont porté ou voulu porter la main sur un volontaire royal, parce qu'ils sont, comme je l'établirai bientôt, complices de tous les crimes qui ont été commis envers les volontaires-royaux.

Il était donc indispensable de constater tous ces crimes, comme formant le corps de délit ; et c'est ce que j'ai voulu faire, Messieurs, par les témoins que j'ai produits aux débats.

Vous avez connu ainsi, Messieurs, une partie des assassinats, des cruautés pires que la mort, exercées sur les volontaires-royaux, dans la soirée du 11 avril 1815, à Arpaillargues.

Qui pourrait en avoir entendu le récit, sans avoir éprouvé un cruel brisement de cœur....?

Quels cannibales commirent jamais, en effet, plus de crimes, plus de cruautés que les habitans d'Arpaillargues, dans cette déplorable soirée?

Elle ne fut qu'une longue et sanglante tragédie, dans laquelle les femmes elles-mêmes surpassèrent les hommes en barbarie.

Si la guerre civile, le plus terrible fléau dont la colère du ciel puisse frapper les hommes en société, se fût organisée dans ces contrées, jamais elle n'eût enfanté tant d'atrocités, tant de crimes.

La guerre civile est un combat dans lequel chacun peut défendre sa propre vie.

Dans la guerre civile, on respecte les prisonniers ; on donne des secours aux blessés ; on prend soin de leur vie.

Mais à Arpaillargues, ce fut un massacre d'hommes qui étaient sans défense..... ; qui s'étaient présentés en amis...; à qui on avait fait déposer les armes en promettant de les accueillir.....

Les habitans d'Arpaillargues n'avaient certes rien à craindre des volontaires-royaux, puisqu'ils s'étaient eux-mêmes spontanément désarmés....

Ce ne fut donc ni pour vaincre un ennemi, ni pour conserver leur propre vie, qu'ils donnèrent la mort aux volontaires-royaux.....

Mais ce fut pour assouvir la soif du sang des amis du Roi dont ils étaient altérés.....!

Aussi leur barbarie continua-t-elle de s'exercer sur les blessés à mort, et même sur les cadavres.

On ne peut, en effet, Messieurs, se refuser à reconnaître que la cause première qui a produit tant de forfaits, est la haine que portaient à notre Roi chéri, les habitans de cette commune, puisque le massacre fut précédé des plus affreuses injures contre S. M. et Mgr. le duc d'Angoulême.

Cependant, Messieurs, oubliez qu'ils ont été les ennemis de la cause royale : ce n'est pas là le crime dont nous poursuivons la vengeance....; c'est de celui commis envers l'humanité; c'est de celui que tous les gouvernemens punissent du dernier supplice, de celui d'avoir répandu le sang humain..... : aussi un si grand crime ne restera pas impuni; et qui a versé le sang dans ce jour funèbre, tôt ou tard versera lui-même le sien sur un échafaud.....

Et que les accusés ne craignent point que, parce que quelques-uns d'eux professeraient une religion autre que celle du Prince et de l'État, ils soient traités avec plus de rigueur.

Non, Messieurs, une aussi injuste prévention n'approchera point de vos esprits. Grâces au progrès des lumières et aux leçons de l'expérience, la tolérance religieuse est devenue une de nos lois fondamentales : on a reconnu enfin que c'était un désir insensé que de vouloir régner sur les consciences par la force, et le gouvernement sous lequel nous avons le bonheur de vivre, ne souffrira jamais que, pour différer des autres dans la manière de louer Dieu, on soit en butte à la persécution. Les lois criminelles seront toujours égales pour tous; elles ne mettront de distinction qu'entre les bons et les méchans, et de quelque manteau que ceux-ci se couvrent, ils n'échapperont pas à leur rigueur.

C'est donc, Messieurs, avec la plus scrupuleuse impartialité et sans avoir reçu la moindre influence de la nature des opinions politiques et religieuses des accusés, que nous allons réunir et peser les charges qui résultent des débats contre chacun d'eux.

J'accuse les individus qui sont devant vous de cinq crimes différens.

Le premier est d'être auteurs de vols sur les volontaires-royaux, dans la journée du 10 avril; lesdits vols ayant été commis avec violences, par plusieurs personnes armées, dans un chemin public.

Le second est d'être auteurs du meurtre volontaire de *Fournier* et de *Calvet*, avec *préméditation*, et de *guet-apens*, lesdits meurtres commis le 11 avril;

Ou du moins d'être complices desdits meurtres.

Le troisième est d'être auteurs de tentatives d'assassinats sur *Charrai*, *Chambon*, et sur d'autres volontaires-royaux, aussi avec *préméditation* et de *guet-apens*;

Ou du moins d'être complices desdites tentatives d'assassinats.

Le quatrième est d'être auteurs, aussi avec *préméditation* et de *guet-apens*, de blessures et de coups sur plusieurs autres volontaires-royaux, dont il est résulté une maladie de plus de vingt jours, et d'avoir en cela commis des meurtres;

Ou du moins d'être complices desdits meurtres,

Le cinquième enfin est d'être auteurs de vols sur lesdits volontaires-royaux, à l'aide de violences, par plusieurs personnes armées, dans un chemin public; lesquels vols ont précédé, accompagné ou suivi le crime d'assassinat, ou de tentative d'assassinat;

Ou du moins d'être complices desdits crimes.

Voilà les cinq crimes dont sont accusés les prévenus, soit comme auteurs, soit comme complices.

Cependant les débats nous ont appris que chacun des accusés ne s'était pas rendu coupable de ces cinq crimes à la fois.

Mon devoir est donc d'attribuer à chaque accusé, d'après les débats, les faits dont il s'est rendu coupable comme auteur, ou comme complice, et de déterminer la nature du crime qu'il a commis : c'est par cette classification que je pourrai parvenir à préparer la réponse que vous aurez à faire sur chaque chef d'accusation, et sur chaque accusé.

La discussion à laquelle je vais me livrer, Messieurs, correspondra aux questions qui vous seront soumises par M. le Président ; je proposerai mon opinion sur chacune d'elles, et je l'appuyerai des moyens que je puiserai dans les lois et dans les débats.

Mais, Messieurs, avant d'entreprendre cette discussion, je dois commencer par vous présenter quelques observations pour fixer votre opinion sur une circonstance qui ajoute infiniment à la gravité du crime, et sur laquelle vous serez par conséquent spécialement interrogés ; c'est celle de savoir s'il y a eu *préméditation* et *guet-apens*, dans les crimes commis envers les volontaires-royaux.

D'abord, Messieurs, quant au *guet-apens*, il a certainement existé dans les vols et les mauvais traitemens commis dans la journée du 10 ; mais je reconnais qu'il est assez incertain s'il a existé dans les crimes commis dans la journée du 11.

Qu'est-ce, en effet, que le *guet-apens* ?

La loi dit « qu'il consiste à attendre plus ou moins de » temps, dans un ou divers lieux, un individu, soit pour » lui donner la mort, soit pour exercer sur lui des actes » de violence. (*Art*. 298 du code pénal.)

Or, d'après cette définition, on ne peut méconnaître qu'il y a eu *guet-apens* dans les vols et les mauvais traitemens commis le 10 envers les volontaires-royaux, puisque, pendant cette journée du 10, les habitans d'Arpaillargues parcoururent la campagne pour les dévaliser.

Mais il n'en est pas de même des crimes commis dans la journée du 11 : pour ceux-là, on peut décider, sans blesser la justice, qu'il n'y a pas eu *guet-apens*.

En effet, la Cour, chambre des mises en accusation, a eu l'indulgence de ne pas considérer le rassemblement formé à Arpaillargues, comme ayant été préparé pour assassiner et dépouiller les volontaires-royaux, puisqu'elle n'a mis en accusation que ceux qui avaient fait des actes de violence ou des vols, et non point tous ceux qui avaient fait partie du rassemblement; la Cour a considéré que le rassemblement avait été l'effet de la fausse nouvelle apportée dans Arpaillargues par *Jean Bertrand*, et que les habitans avaient pu n'avoir que l'objet de se défendre; il semble donc que dès-lors on ne doit plus trouver le *guet-apens* dans les assassinats et les actes de violences commis le 11.

Ce n'est pas cependant, Messieurs, que je ne pusse soutenir que lors même qu'il n'y aurait pas eu de *guet-apens* de la part de la masse du rassemblement, cette circonstance de *guet-apens* s'induit de la conduite de ceux qui se sont rendus coupables d'actes de violence envers les volontaires-royaux.

Cependant, Messieurs, dans le doute qui doit toujours être résolu en faveur de l'accusé, d'après le vœu de l'humanité et le texte de nos lois criminelles, j'admettrai volontiers qu'il n'y a pas eu de *guet-apens* de la part d'aucun des habitans qui se sont rendus à l'entrée du village, le 11 avril; j'admettrai qu'ils ne s'y sont pas rendus pour donner la mort aux volontaires-royaux, ni pour exercer sur eux des actes de violences, et je n'insisterai point pour que votre déclaration porte que les crimes commis à Arpaillargues l'ont été de *guet-apens*.

Mais, quoiqu'il n'y ait pas eu de *guet-apens*, il ne me paraît pas moins évident qu'il y a eu *préméditation* dans les meurtres et dans les actes de violences, de la part de ceux qui les ont commis.

La loi dit, en effet, que « la *préméditation consiste* » *dans le dessein formé avant l'action d'attenter à la* » *personne d'un individu.* »

Ainsi, vous remarquez, Messieurs, que la loi n'exige point un intervalle quelconque entre le *dessein* et l'*action*; il suffit, d'après la loi, que le *dessein* ait le temps de se former *avant l'action*, pour qu'il puisse y avoir *préméditation*.

C'est ensuite par les circonstances particulières qui environnent l'action; c'est par la situation morale du coupable dans le moment où il a commis le crime; c'est en jetant la sonde dans son âme, c'est en scrutant sa pensée, que le jury peut reconnaître s'il y a eu *préméditation* : cette question de *préméditation* qui s'induit de circonstances éparses, de faits qui paraissent d'abord insignifians, qui n'est point résolue par un fait matériel et palpable, qui ne peut l'être souvent que par le raisonnement, reste donc, par sa nature même, entièrement soumise à la seule conscience du jury, à sa manière de voir, et par conséquent à l'arbitraire ; et c'est pour cela que, sur cette question, il y a très-souvent divergence dans les opinions des jurés.

Quelquefois aussi le juré dispose de cette question de préméditation pour adoucir la peine du coupable, et il retranche, malgré les preuves, cette circonstance qui aggrave le crime ; mais le juré alors ne remplit point ses devoirs ; ce n'est pas à lui, en effet, qu'est commise la prérogative de faire grâce au coupable, ou d'alléger la peine ; et lorsqu'indirectement il le fait, il usurpe un droit attribué à la seule puissance souveraine.

Le juré doit prononcer sur la question de préméditation avec la même rigueur qu'il prononce sur le fait principal, sur le fait matériel du crime ; et tout comme, quand il a un cadavre sous les yeux, il ne peut pas décider qu'il n'y a pas homicide ; il ne peut pas nier non plus qu'il y a eu préméditation, quand il résulte des débats, que l'auteur du meurtre savait, avant l'action, qu'il allait donner la mort, ou avait intention de la donner.

Que le juré décide qu'il n'y a pas eu *préméditation* dans le meurtre commis par un homme pris de vin, à la bonne heure ; le vin privant, en effet, momentanément de l'usage de la raison, et cependant n'excusant pas le crime, le juré peut juger que celui qui a commis le meurtre est coupable, mais qu'il n'a pas agi avec *préméditation* dans ce moment.

Qu'un homme irrité par une violente provocation, dans un moment subit de colère et de vengeance, ou dans une querelle imprévue, donne la mort à un autre, le juré pourra décider avec justice qu'il n'y a pas eu *préméditation*, si, d'ailleurs, rien n'apprend que le meurtrier a eu précédemment l'intention de donner la mort, et s'il est constant qu'il n'en a pas recherché l'occasion.

Mais, si le meurtre ou les violences n'ont point été l'effet imprévu d'un mouvement irréfléchi; si les circonstances n'ont pas surpris, forcé, pour ainsi dire, la volonté du meurtrier, dès-lors il y a eu *préméditation*, et dès-lors aussi le juré doit la déclarer.

Ici, Messieurs, la *préméditation* n'est point équivoque de la part de tous ceux qui ont commis les meurtres, ou les tentatives de meurtres, ou les violences, ou qui en ont été les complices.

Rappelez-vous, en effet, qu'en approchant du village, tous les volontaires-royaux mirent les crosses de leurs fusils en l'air; leur chapeau à la main, ou au bout des crosses, et que l'un d'eux en avant, se présenta avec un simple fleuret....

Ainsi, loin qu'il y ait eu aucune provocation de la part des volontaires-royaux, ni dans leurs paroles, ni dans leur attitude, ils avaient pris celle qui pouvait le plus rassurer les habitans contre toute agression, et ils se présentèrent non-seulement en amis, mais presque en supplians....

Rappelez-vous que des pourparlers s'établirent; que les habitans d'Arpaillargues demandèrent aux volontaires-royaux ce qu'ils voulaient?

Que celui qui était à la tête répondit qu'ils ne demandaient que le passage.

Rappelez-vous que les habitans d'Arpaillargues parurent d'abord accéder à cette demande, puisqu'ils exigèrent des volontaires-royaux qu'ils rendissent préalablement leurs armes, et qu'ils les rendirent aussitôt.

Rappelez-vous que les habitans d'Arpaillargues voulurent ensuite que les volontaires-royaux criassent *vive l'empereur !*

Que quelques-uns proférèrent ce cri... Qu'ainsi, les volontaires-royaux, loin de résister aux demandes des habitans d'Arpaillargues, tout injustes et humiliantes qu'elles étaient, y satisfirent aussitôt....: que, cependant, ils n'y eurent pas plutôt satisfait, qu'une décharge de coups de fusils en renversa plusieurs à terre.....

Qui donc ne verrait pas dans ces coups de fusils la *préméditation* d'assassiner les volontaires-royaux..... ?

Qui ne verrait pas dans cette prétention des habitans

d'Arpaillargues, de faire rendre les armes aux volontaires-royaux, le projet d'assassiner impunément les amis du Roi, en se mettant à l'abri de toutes représailles ?

N'y a-t-il donc pas eu *préméditation* ?

Tous ces perfides préliminaires de la fusillade ne furent-ils pas le fruit d'une atroce combinaison ?

Sans doute, Messieurs, il est possible que ces combinaisons n'aient pas été faites avant le rassemblement ; il est possible même qu'elles n'aient été faites qu'après que les volontaires-royaux eurent rendu leurs armes, et lorsque les habitans d'Arpaillargues ne pouvaient plus courir eux-mêmes aucun danger ; mais, dans ce cas même, il n'y aurait pas moins eu *préméditation*, parce qu'il ne faut qu'un instant pour la former.

Peuvent-ils dire, les habitans d'Arpaillargues, qu'ils n'ont pas eu le temps de la réflexion...? que ceux qui ont tiré les coups de fusil, ont été emportés par un mouvement subit de colère et de vengeance ?

Quelle colère pouvaient-ils donc avoir contre des hommes qui se présentaient dans une attitude suppliante ?

Quelle vengeance pouvaient-ils exercer contre des concitoyens qu'ils ne connaissaient même pas individuellement, qui ne leur avaient fait aucune espèce de provocation..., et qui étaient sans défense....?

Il est bien vrai que ce n'était pas aux individus personnellement que les habitans d'Arpaillargues en voulaient ; c'était aux *volontaires-royaux*, aux *défenseurs du trône*, aux *compagnons d'armes de Mgr. le duc d'Angoulême*...

Mais c'est de ce fait même, c'est de ce fait bien constant que les crimes commis à Arpaillargues l'ont été en haine de l'auguste famille des Bourbons, que je conclus, avec assurance, que ce n'était pas une haine subite, irréfléchie, et qu'il y a eu *préméditation* dans les meurtres que les habitans d'Arpaillargues ont commis pour assouvir cette haine....

La multitude des coups de fusils partis à la fois est encore une preuve de préméditation....

Qu'un individu éprouve un mouvement de haine, de colère, qui le pousse à une vengeance subite que la réflexion ne lui permet pas de contenir, cela peut se concevoir ; mais on ne peut pas concevoir que plusieurs individus éprouvent dans le même instant un mouvement subit de haine et de colère, et cela encore sans aucune provocation : je conclus donc encore, de ce que plusieurs coups de fusils ont été tirés à la fois, lors de l'arrivée des volontaires-royaux à l'entrée du village, et surtout de ce qu'ils ont été tirés sur des hommes paisibles, je conclus que ces coups de fusils ont été l'effet d'un complot, et surtout de la *préméditation* de ceux qui les ont tirés.

Il paraît, Messieurs, qu'on avait voulu prétendre que si les habitans d'Arpaillargues avaient fait usage de leurs armes à l'entrée du village, c'était parce que les volontaires-royaux qui étaient armés, avaient voulu y pénétrer par force ; on avait voulu prétendre que les habitans leur ayant offert de leur fournir tout ce qu'ils désireraient, à condition qu'ils n'entreraient qu'après avoir posé les armes, les volontaires-royaux ne voulurent pas accepter cette condition ; mais qu'ils voulurent entrer avec leurs armes dans la commune.

Tel est, Messieurs, le système de défense qu'avaient imaginé les habitans d'Arpaillargues dès le principe, et qu'ils consignèrent dans le procès-verbal du juge de paix d'Uzès, du lendemain 12 avril, portant reconnaissance et vérification du cadavre de *Fournier*.

Barri, un des accusés, a soutenu aussi, dans son interrogatoire, que *Fournier* voulut forcer le passage, et qu'il se baissa pour entrer.

Mais tous les faits sur lesquels était basé ce système étaient faux.

Les volontaires-royaux n'ont point refusé de rendre leurs armes, puisqu'ils les rendirent à la première demande qui leur en fut faite, quoiqu'ils eussent été très-fondés à opposer de la résistance à cette demande, toujours offensante envers un militaire.

Ils n'ont point voulu entrer dans le village par force, puisqu'ils se sont présentés tenant la crosse de leurs fusils en l'air, et la tête découverte.....

Fournier, qui, suivant l'interrogatoire de *Barri* lui-même, se baissait pour entrer, qui n'avait qu'un fleuret à la main, n'avait pas certes le dessein d'user de violence.....

Mais, quand même les volontaires-royaux auraient voulu entrer par force dans le village, n'en auraient-ils pas eu le droit ? n'était-ce pas un chemin public, qui appartenait par conséquent à tout le monde .... ?

Fût-il donc vrai que les volontaires-royaux eussent voulu entrer dans le village malgré les habitans et en armes, les habitans ne se seraient pas moins rendus coupables de meurtres sur les volontaires-royaux, et de meurtres punissables par les lois.

Et surtout, il ne serait pas moins constant qu'il y aurait eu *préméditation* dans ces meurtres, puisqu'ils auraient été, dans ce cas même, le fruit de la réflexion.

Mais la preuve de la *préméditation* est mieux établie encore, dès-lors qu'il est constant qu'il n'y a eu aucune provocation, aucun fait de violence de la part des volontaires-royaux ; dès-lors qu'il est constant qu'il y a eu au contraire des pourparlers assez longs, dans lesquels les volontaires-royaux ont condescendu à tout ce que demandaient les habitans d'Arpaillargues.

Il faut même reconnaître que la *préméditation* d'assassiner les volontaires-royaux était bien enracinée dans le cœur des brigands d'Arpaillargues, puisque cet horrible dessein n'a pas pu céder à la docilité, à la soumission, aux sentimens pacifiques que manifestèrent les volontaires-royaux.

Je crois donc, Messieurs les Jurés, qu'il ne restera pas le moindre doute dans vos esprits, qu'il y a eu, dans les premiers coups de feu tirés par les habitans d'Arpaillargues, une *préméditation* bien affermie.

Lorsqu'ensuite après cette horrible fusillade, les volontaires-royaux qui y avaient échappé fuyaient de tous côtés, et qu'ils furent poursuivis avec fureur, dira-t-on qu'il n'y a pas eu *préméditation* dans les violences commises sur ceux qui étaient atteints... ?

Lorsqu'on a épuisé tous les raffinemens de la cruauté pour arracher un reste de vie à ceux que les premiers coups avaient renversé, dira-t-on qu'il n'y a pas eu *préméditation* d'assassiner, de la part de ceux qui ont enfoncé des baïonnettes, des fourches, des ciseaux dans les entrailles de ces malheureux... ?

Non, Messieurs, il sera impossible de soutenir un système si révoltant, et je démontrerai, en effet, jusqu'à l'évidence, en m'occupant de chaque accusé séparément, que chacun d'eux a commis les crimes dont il sera convaincu, avec *préméditation*.

Ce moment est venu, Messieurs; je vais réunir dans un cadre particulier tous les faits qui les concernent, et dont la preuve est acquise : je déterminerai ensuite la nature, le caractère des crimes sur lesquels vous aurez à prononcer.

Si tous les accusés étaient devant vous, je signalerais d'abord comme les plus coupables, *Bertrand*... *Boucarut*... qui ont mis eux-mêmes les armes à la main aux habitans d'Arpaillargues : *Bertrand* qui a dit que les volontaires-royaux pillaient, violaient les femmes, les jetaient ensuite par les fenêtres, et qu'ils avaient assassiné quarante ministres protestans...; *Boucarut* qui disait aux femmes : *que faites-vous là? allez prendre des fourches, et frappez fort...* Ceux-là sans doute sont les premiers auteurs des crimes de cette journée.

Je signalerais *Pierre Maurin*, dit *le Procureur*, qui, avec une faux déchirait le malheureux *Calvet*, lorsqu'il était étendu par terre, et qui ensuite, après avoir émoussé sa faux, se servit d'un sabre. C'est ce qu'ont déposé *Bousige*, *Marie Guerin* et *Jean Ribaud*.

Je signalerais *Jean Mazel*, qui frappa *Fournier* avec une fourche, et qui ne le quitta que lorsqu'il crut qu'il lui avait arraché la vie : c'est ce qu'a déposé *Jean Durand*.

Je signalerais *Boucoiran*, officier retraité, qui ayant vu *Guiot* (10.ᵉ témoin) qui était arrêté contre un arbre, s'élança contre lui, le menaça, le traita de brigand, lui ordonna de prendre une fourche de fer pour courir après les volontaires-royaux, ce que ne fit pas cependant *Guiot*.

Je signalerais *Rolland*, maçon, qui assena un coup de couteau de chasse sur la tête d'*Esprit Boyer*.

Je signalerais *Gas*, qui, après avoir tiré un coup de fusil à *Méric* qui le blessa à la jambe, lui donna un coup de baïonnette dans la même jambe, et puis le dépouilla : c'est ce que vous a dit *Méric* lui-même.

Tous ces assassins sont bien au nombre des accusés, mais nous n'avons pu encore les mettre sous la main de la justice.... Ils n'échapperont point, cependant, au supplice
qu'ils

qu'ils ont mérité : dans quelques lieux qu'ils se retirent, l'œil pénétrant et infatigable de la justice les poursuivra, et saura les découvrir, jusques dans leur dernier asile...; il n'y en aura jamais d'assuré pour de si grands coupables.

Mais, en attendant qu'ils puissent être conduits ici, occupons-nous de ceux qui sont aujourd'hui traduits en jugement.

Le premier des accusés, d'après l'ordre dans lequel ils ont été présentés aux débats, est *Jeanne Verdus* dite *la Coulourgole*.

On ne peut rappeler de sang froid les atrocités dont cette femme s'est rendue coupable.

Il n'est aucune espèce de torture qu'elle n'ait fait éprouver à *Fournier*, à *Calvet* et à d'autres.... Sa rage, sa fureur semblent s'être accrues en raison de la faiblesse de son sexe.

Voyez cette furie s'acharnant sur *Fournier* et sur *Calvet*, passer de l'un à l'autre, sans pouvoir assouvir sa rage....

Thérèse Cassette a dit, qu'elle l'avait vue enfoncer sa fourche dans le corps de *Fournier* et dans celui de *Calvet*;

Bousige a déposé l'avoir vue, armée d'une fourche, frapper *Calvet*;

Marie Goudin l'a vue aussi frapper *Calvet* avec sa fourche, du plat, de la pointe, de toutes manières, vous a dit ce témoin. *Calvet* lui disait, d'une voix gémissante : *madame, c'est assez*; elle frappait toujours.... Il eut assez de force pour se relever; elle le frappa si violemment qu'elle le fit retomber;

Jacques Guiot a aussi été témoin de la férocité de *la Verdus*, et en a déposé;

Jean-Baptiste Jubert a déposé du même fait; il a vu *la Coulourgole* donner un coup de fourche dans le visage de *Calvet*, dans le moment où il se relevait;

Jean Ribaud a déposé qu'il avait vu que *la Coulourgole* frappait *Calvet* avec un gros bâton, un *barron*, a-t-il dit; après l'avoir atterré, passant des crimes les plus atroces, aux crimes les plus vils, elle lui prit son sac et sa giberne;

La femme *Ribaud* a déposé du même fait;

Thérèse Cassette a déposé qu'elle avait vu *la Coulourgole* frapper *Calvet*, étendu par terre; elle a ajouté, à la vérité, qu'elle ne l'avait pas vue frapper avec la pointe ; mais cette observation ne met dans le crime aucune différence ; elle ne s'est pas moins rendue coupable d'assassinat, car, elle ne le frappait que pour le tuer ; elle s'en est vantée elle-même à *Louis Boucoiran*.

Vous vous rappelez en effet que *Boucoiran* vous a dit, qu'il avait vu *la Coulourgole* frapper sur la tête de *Calvet*, qui était étendu à terre, avec une fourche de fer, que *Calvet* lui demandait grâce ; *madame*, lui disait-il, *c'est assez, c'est assez*. Le témoin *Boucoiran* l'ayant suppliée de laisser *Calvet*, elle lui dit *qu'elle voulait achever de le tuer ;* et, apostrophant le témoin avec fureur, elle ajouta, *qu'il était lui-même un brigand*, qui en méritait autant que *Calvet*.

Paul Gaud, jeune enfant de 12 ans, a déposé qu'il avait vu *la Coulourgole* enfoncer avec le pied sa fourche de fer dans les entrailles de *Calvet*, et l'enfoncer si profondément, qu'elle était obligée de lui mettre le pied sur le ventre pour la retirer : elle enfonçait sa fourche dans le corps de *Calvet*, a dit *Paul Gaud*, comme on enfonce une pelle dans la terre.

Cette déposition est la plus horrible ; et, cependant, elle est la plus vraie... La jeunesse du témoin est une preuve de sa véracité ; il n'est point de témoin plus véridique qu'un enfant : *nihil puero teste certius*, dit le philosophe romain, *Sénèque*, dans ses Controv. 3, n.º 10.

D'ailleurs, la précision, le jugement, la clarté avec laquelle cet enfant a déposé, ont dû vous convaincre de la vérité des affreux détails qu'il vous a racontés.

Ainsi, Messieurs, voilà dix témoins qui attestent uniformément, avec les mêmes circonstances, les forfaits de *la Coulourgole* ; deux déposent qu'elle a plongé sa fourche dans le corps de *Fournier*, et huit attestent qu'elle a commis le même crime et d'une manière plus cruelle encore sur le malheureux *Calvet* ;

Elle doit donc être déclarée auteur de l'assassinat de *Fournier*.

Si *Jeanne Verdus*, dite *Coulourgole*, n'était pas déclarée coupable de l'assassinat de *Fournier*, n'en est-elle pas du moins complice ?

C'est la deuxième question qui vous sera proposée ; et

c'est ici, Messieurs, le lieu d'expliquer de quoi se compose la complicité, ce qui la constitue, ce qui la prouve.

« Le complice d'un crime, dit le code pénal, est celui
» qui a, avec connaissance, *aidé* ou *assisté* l'auteur de l'ac-
» tion, dans les faits qui l'ont préparée ou *facilitée*, ou dans
» ceux qui l'ont consommée. »

Or, d'après cette définition, je soutiens que celui qui assassine de ses propres mains un malheureux, tandis qu'à côté de lui, un autre scélérat assassine un autre individu, est auteur du premier crime, et complice du second.

Il facilite en effet le second assassinat, en commettant le premier; il l'encourage par son exemple, il empêche la résistance qui pourrait y mettre obstacle.

Il participe donc véritablement au second assassinat, quoiqu'il ne le commette pas de ses propres mains; il en est complice.

Ainsi, (d'après ce principe qui ne peut être contesté,) tous ceux qui seront convaincus d'avoir commis des violences envers des volontaires-royaux, autres que *Fournier* et *Calvet* qui sont morts, seront réputés complices de ces meurtres lors même qu'ils n'auraient ni blessé ni même frappé *Fournier*, ni *Calvet*.

Par les violences qu'ils ont commises envers les uns, ils se sont associés aux violences commises envers les autres; ils ont *aidé* les auteurs des meurtres; car c'était les *aider*, que de forcer les volontaires-royaux de s'occuper du soin de leur propre conservation, en les blessant, en les frappant eux-mêmes...; c'était les empêcher de porter des secours à ceux qu'on assassinait...

On pourrait aller jusqu'à dire, que ceux-là même ont participé aux meurtres qui ont été commis, qui ne s'y sont pas opposés; à plus forte raison donc, peut-on dire qu'ils y ont participé, en commettant des violences, des cruautés sur les compagnons de ceux à qui on donnait la mort...

La Coulourgole doit donc être déclarée auteur ou complice du meurtre de *Fournier*.

Elle doit être aussi déclarée auteur du meurtre de *Calvet*, avec *préméditation*.

Calvet est mort des suites de ses blessures, et il est mort dans la soirée même.

La Verdus, qui lui a fait mille plaies, est donc évidemment l'auteur de sa mort.

Je dis qu'elle a commis ce meurtre avec *préméditation*; qui pourrait en douter, lorsqu'on la voit suivre le malheureux *Calvet* pour lui arracher un reste de vie?...

Calvet était baigné dans son sang, étendu à terre sans faire aucune résistance et sans force; il la suppliait de lui faire grâce: *madame, c'est assez...*! et elle continue à lui plonger sa fourche dans les entrailles.

Quand on frappe un malheureux à terre avec un instrument meurtrier...; quand on répète les coups; quand on le poursuit pour le frapper encore; quand on dit qu'on veut achever de le tuer, la *préméditation* de lui ôter la vie n'est-elle donc pas évidente, par une si horrible persévérance à multiplier les blessures?

Je ne mets donc aucun doute qu'elle ne doive être déclarée coupable du meurtre de *Calvet* avec *préméditation*...

Dès-lors il n'y a rien à répondre sur la question qui vous sera faite, si elle est complice dudit meurtre, parce que cette question n'est qu'alternative, et que le juré ne doit s'occuper de la question de complicité, que quand il a décidé que l'accusé n'est pas auteur du fait.

On vous demandera ensuite si *Jeanne Verdus* est coupable *de tentatives d'assassinats* envers les volontaires-royaux.

Avant d'examiner les faits, expliquons ce qui constitue, aux yeux de la loi, la tentative du crime; cette explication sera ensuite applicable à tous les individus qui seront accusés de tentatives d'assassinats.

La tentative du crime est, d'après le code pénal, considérée comme le crime même, pourvu qu'on y rencontre les trois circonstances indiquées par la loi:

La première est, que la tentative ait été manifestée par des actes extérieurs;

La seconde est, qu'elle ait été suivie d'un commencement d'exécution;

La troisième est, qu'elle n'ait été suspendue ou n'ait manqué son effet que par des circonstances fortuites, ou indépendantes de la volonté de l'auteur.

Si l'une de ces conditions manque, la tentative n'est plus un crime.

Lorsqu'un individu est accusé de tentative de crime, la question proposée au juré exprime toujours les trois circonstances qui, réunies, constituent la criminalité de la tentative; le juré doit donc examiner avec soin si ces trois circonstances se rencontrent dans la tentative attribuée à l'accusé.

Ici, Messieurs, vous reconnaîtrez facilement que les tentatives de meurtre dont seront accusés quelques-uns des individus sur le sort desquels vous avez à prononcer, renferment les trois circonstances qui assimilent une telle tentative au crime lui-même ; ainsi les blessures faites à *Charrai*, à *Chambon*, sont des tentatives de meurtre du genre de celles caractérisées telles par la loi, quoique *Charrai* ni *Chambon* ne soient pas morts de leurs blessures.

Ils ont reçu des coups de baïonnettes..., des coups de fourche, des coups de sabre... ; ce sont bien là des tentatives de meurtre, manifestées par des actes extérieurs, et suivis d'un commencement d'exécution.

On employait contre eux des instrumens propres à donner la mort ; ainsi, s'ils n'ont pas été tués, ce n'est pas par le fait, ce n'est pas contre la volonté de ceux qui leur ont fait des blessures... ; ils ont, au contraire, consommé leur tentative ; ils ont voulu donner la mort.

On attente à la vie d'une personne, disait le rapporteur du code pénal sur les crimes contre les particuliers, « soit » en lui donnant la mort, soit en exerçant sur elle des » actes de violence : ceux-ci, quoiqu'ils n'entraînent pas » sur-le-champ la perte de la vie, peuvent cependant en » abréger le cours... »

Il y aura tentative de meurtres encore de la part de ceux qui auront tiré des coups de fusil sur des volontaires-royaux, quoiqu'ils n'en aient pas été atteints, parce qu'il y a acte extérieur, commencement d'exécution, et que si la tentative a échoué, c'est contre la volonté de l'auteur qui, certes, voulait bien donner la mort en employant un tel instrument de mort.

Maintenant, faisant l'application de ces principes à *Jeanne Verdus*, est-elle coupable de tentative de meurtres envers quelques-uns des autres volontaires-royaux ; ce sera l'objet d'une question.

Je conviens, Messieurs, qu'il ne résulte pas des débats

qu'elle se soit rendue coupable de tentatives de meurtres sur d'autres volontaires-royaux, quoiqu'on ne puisse pas douter qu'elle a exercé ses infatigables fureurs contre un grand nombre de volontaires-royaux.

Mais, si on ne peut pas la déclarer auteur de tentatives de meurtres envers d'autres volontaires-royaux que *Fournier* et *Calvet*, est-elle coupable du moins de complicité dans les tentatives de meurtres contre lesdits volontaires ?

Il n'y a pas de doute, Messieurs, elle est complice de tous les crimes qui ont été commis.

Elle les a encouragés par sa présence, par sa fureur... par les crimes qu'elle commettait elle-même.

Elle doit être déclarée complice des tentatives de meurtres faites contre *Charrai* et *Chambon*... et autres volontaires-royaux.

Car, quand vous aurez décidé que les blessures sont qualifiées meurtres, il serait contradictoire de décider qu'elles ne sont pas qualifiées meurtres, et que ce sont de simples blessures qui ont seulement causé une maladie, ou une incapacité de travail personnel pendant plus de vingt jours.

Or, comme je crois avoir parfaitement démontré que les blessures faites aux volontaires-royaux doivent être qualifiées meurtres, il deviendrait inutile de m'occuper de cette question de simples blessures.

Cependant, Messieurs, si vous ne pensiez pas que les blessures sont des tentatives de meurtre avec *préméditation*, vous ne pourriez vous dispenser de déclarer que ces blessures ont été faites avec *préméditation*, et qu'elles ont causé une maladie et une incapacité de travail pendant plus de vingt jours.

Ces blessures ont laissé de nombreuses cicatrices.

Chambon en a 14 ; il les a étalées à vos yeux qui se détournaient d'un si affreux spectacle ; *Chambon* est resté plus de trois mois dans les hôpitaux ; *Charrai* est resté aussi plusieurs mois malade ; *Esprit Boyer*, a été horriblement maltraité ; *Paul Lambert* vous a dit qu'il était resté deux mois sans pouvoir s'occuper d'aucune espèce de travail.

Jeanne Verdus devrait être déclarée complice de ces blessures, avec préméditation, par les mêmes motifs qu'elle doit être déclarée complice de l'assassinat de *Fournier*...

Une autre question qui vous sera proposée sur *Jeanne Verdus* d'abord, et successivement sur les autres accusés, sera, si elle est coupable d'avoir commis des vols sur les volontaires-royaux à l'aide de violences...; par plusieurs personnes armées et dans un chemin public; lesquels vols auraient précédé, accompagné ou suivi les meurtres et les tentatives de meurtres.

Or, elle s'est évidemment rendue coupable de tels vols; *Plantevin* vous a dit qu'il avait une culotte sous son bras, qu'une femme la lui enleva; et Servan, un des témoins, a reconnu *la Verdus* pour auteur de ce vol.

Ce vol a été commis le 10; mais le 11, le jour des assassinats, elle en commit de plus importans.

Jean Ribaud, cultivateur, vous a dit, qu'il avait vu *la Verdus* prendre et emporter le sac et la giberne de *Calvet*...

Après l'avoir assassiné, elle le dépouillait...

La femme *Ribaud* a déposé du même fait;

Paul Gaud en a aussi été témoin, et il en a déposé devant vous.

Ce vol est donc bien constant; et par ce vol seul, Messieurs, elle serait complice des assassinats qui ont été commis, quand même elle n'aurait ni blessé, ni frappé aucun des volontaires-royaux; car voler un homme pendant qu'un autre l'assassine, c'est bien participer à l'assassinat, puisque c'est en profiter.

Ce vol a été commis à l'aide de violences, et en présence de plusieurs personnes armées.

Il a été commis dans un chemin public, car le village d'Arpaillargues était un chemin public.

Ce vol a accompagné et suivi les meurtres et tentatives de meurtres qu'elle a commis; le fait est bien constant, et c'est là, Messieurs, une circonstance bien importante à constater par votre déclaration, parce qu'elle a pour objet d'augmenter la gravité du crime et de lui assigner alors une peine différente.

Qu'a dit cette misérable pour se justifier?

Dans deux interrogatoires qu'elle a subis les 3 et 11 mai, elle a soutenu qu'elle n'était point rentrée à Arpaillargues dans toute la journée du 11 avril; qu'elle n'y vit aucun militaire ni armé, ni sans armes; qu'elle ne s'arma point elle-même d'une fourche en fer ; qu'elle ne frappa personne ; qu'elle ne prit le sac d'aucun militaire... : ainsi elle a tout nié, et telle est la tactique des coupables, de se retrancher dans des négatives générales, de dénier les faits les plus constans, les mieux prouvés...

Aux débats, elle n'a su dire autre chose, sinon que les femmes étaient de faux témoins.

Ils n'ont que trop dit la vérité.

Cette accusée a commis les crimes les plus atroces, les plus multipliés... Mais ils seront punis... : qu'elle cherche à désarmer la vengeance du Ciel ; la vengeance humaine ne lui pardonnera point...

Je vais m'occuper du second accusé, *Jean-Jacques Barri*.

Il s'est rendu coupable de crimes très-graves : dans la journée du 10 avril, il courait la campagne pour dévaliser et maltraiter les volontaires-royaux.

Paul Lambert a déposé devant vous que *Barri* l'avait frappé avec sa giberne, et qu'il la lui avait prise avec son sac ;

Claude Lafoux vous a dit, que le 10 avril, il avait été arrêté par *Barri*... que *Barri* le fouilla, *pour savoir*, disait-il, *s'il n'avait pas de lettres de M. le duc d'Angoulême*.

Barri ne trouva pas de lettres dans la poche de *Lafoux*, mais il y trouva quatre écus de six francs, qui lui convinrent sans doute encore mieux, car il les garda ;

Un autre habitant d'Arpaillargues, qui était avec *Barri*, et que *Barri* a dit s'appeler *Balmier*, donna des coups de bâton à *Lafoux*, pendant que *Barri* le volait.

Barri est convenu d'avoir arrêté *Lafoux*. Il avait dit d'abord, qu'il n'était pas sorti de chez lui le 10, parce qu'il était malade ; forcé ensuite de convenir qu'il avait arrêté *Lafoux*, il a dit : *qu'il se promenait, parce qu'il était malade* ; mais il a nié de l'avoir volé, et il a accusé de ce vol, *Balmier*, qui n'est pas au procès.

Ainsi, *Lafoux* (de l'aveu de *Barri* lui-même) a dit la vérité, quand il a dit avoir été arrêté par *Barri*, et qu'il avait été volé.

Lafoux a affirmé que c'était *Barri* qui l'avait volé. *Barri* a dit que c'était *Balmier*...

Sans doute la déclaration de *Lafoux* mérite pleine confiance.

Cependant, je veux bien admettre la défense de *Barri*; je veux admettre que ce soit *Balmier* qui ait volé *Lafoux*; dès que *Barri* est convenu d'avoir arrêté *Lafoux*, sans autorité, sans droit, il est devenu le complice du vol qui fut fait à *Lafoux*...

Ainsi il est auteur ou complice... Le crime et la peine sont les mêmes.

Il est auteur aussi et complice des mauvais traitemens faits aux volontaires-royaux;

Il est auteur de ceux faits à *Paul Lambert*, puisque c'est lui qui a frappé *Paul Lambert* avec sa giberne; et *Paul Lambert* a été malade pendant plus de deux mois. Il a été même à l'agonie...

Barri est complice des mauvais traitemens faits à *Claude Lafoux*, puisqu'ils ont été faits en sa présence, et, après qu'il eut arrêté *Claude Lafoux*, pendant qu'il le retenait.

Lorsqu'il y a plusieurs vols, tout comme lorsqu'il y a des violences faites à différentes personnes, dans le même temps et dans le même lieu, on peut être tout à la fois auteur et complice de ces différens vols, de ces violences faites à différentes personnes.

Ce principe a été récemment confirmé par un arrêt de la Cour de cassation, rendu sur un recours contre un arrêt de cette Cour.

Barri est donc convaincu d'être auteur et complice des vols faits à *Lafoux* et à d'autres volontaires-royaux; vols faits à l'*aide de violences*, puisqu'on frappait les volés;

Par *plusieurs personnes armées*; car deux personnes arrêtèrent *Lafoux*, et il y en avait beaucoup d'autres répandues dans la campagne pour dévaliser les volontaires-royaux;

Et ces vols ont été commis *dans un chemin public*, car les volontaires-royaux suivaient les chemins publics... Ils voyageaient sous la foi publique...

Je remarquerai ici, Messieurs, (dans l'intérêt de l'accusé et de tous les coupables des crimes commis dans la journée du 10), qu'il n'y a point de complicité entre les crimes commis dans la journée du 10, et ceux commis dans la journée du 11.

Ainsi les vols commis le 10, ne peuvent point être déclarés *précédés*, *accompagnés et suivis* d'assassinats, parce que le 10 il n'a point été commis d'assassinats, et dès lors, ces vols ne sont pas punis d'une peine si grave que ceux qui auront été commis le 11, et qui auront été *précédés, accompagnés ou suivis* d'assassinats ou de tentatives d'assassinats.

Il faut juger les crimes commis le 10, comme s'il n'en avait point été commis le 11.

Pour le 10, *Barri* qui doit être déclaré coupable de vols, doit aussi être déclaré coupable de coups qui ont causé une maladie de plus de vingt jours.

Heureux encore si nous n'avions à lui reprocher que la journée du 10...

Mais, dans celle du 11, il a commis de plus grands forfaits...

Jean Saunier a déposé aux débats, que ce jour, 11 avril, *Barri* lui avait tiré un coup de fusil, dont il avait été atteint à la tête.

Il l'a fort bien reconnu, et il remarqua qu'il avait ce jour-là son tablier de maréchal.

Claude Chambon a dit que *Barri* lui avait donné des coups de canon de fusil sur le ventre, pendant qu'il était étendu à terre.

Il remarqua fort bien *Barri*; il vit qu'il avait un tablier de peau...

Barri est convenu qu'il avait ce jour-là un fusil à la main, mais il a nié de s'en être servi...

Il a nié même d'avoir porté ce jour-là son tablier, *parce que*, a-t-il dit, *étant malade, il ne travaillait pas...*

Pour prouver qu'il n'avait pas de tablier, il a invoqué le témoignage du maire et du sieur *Bousige*.

Or, l'un et l'autre ont déclaré qu'ils ne lui avaient pas vu de tablier ; mais qu'ils ne pouvaient pas affirmer qu'il n'en eût pas un...

Il était facile, en effet, à *Barri* de faire que le tablier ne parût pas, sans intention même de le cacher, car, il n'avait qu'à le rouler autour de son corps, comme le pratiquent assez habituellement les ouvriers.

Au reste, la déclaration du maire et de *Bousige*, qu'*ils n'ont pas vu de tablier à Barri*, n'étant point, même d'après ces témoins, la preuve qu'il n'en eût pas, il reste la déclaration de deux témoins, qu'il avait un tablier ; et dans toutes les législations, la déposition uniforme de deux témoins a toujours fait preuve, surtout lorsque, comme ici, les deux témoins sont au-dessus de tout soupçon.

La déposition des deux témoins sur le fait du tablier est d'autant plus vraie, mérite d'autant plus de confiance, que cette circonstance n'a pas pu être inventée par les témoins, car, d'abord, ils ne déposent pas du même fait, et ensuite, cette circonstance était absolument indifférente : elle n'ajoute rien à la gravité de leur déposition...; elle ne la fortifie point...; en affirmant qu'ils reconnaissent bien *Barri*, la justice leur doit sa confiance, parce qu'ils sont dignes de foi....

Mais, Messieurs, cette circonstance dont ils n'ont certainement pas prévu l'importance, qu'ils n'eussent pas rappelée si elle n'eût pas été vraie, cette circonstance vient prouver qu'ils ne se sont point trompés sur l'individu qu'ils accusent....

En effet, Messieurs, chacun de ces témoins voit un individu qui veut les assassiner...; il est naturel qu'il fixe les yeux sur lui...; qu'il le remarque...; qu'il l'observe : sa figure, sa taille, ses vêtemens (surtout s'il a quelque vêtement extraordinaire qui le distingue des autres,) se gravent dans sa tête.

L'assassin a un tablier...; la victime le remarque et ne l'oublie plus.

L'on présente, une année et plus après, plusieurs individus à cette victime....

Votre assassin est-il là, lui dit-on ?

Oui, le voilà...; je le reconnais, c'est lui-même... il avait un tablier lorsqu'il m'assassinait.

Et il se trouve que cet individu est un porte-tablier par état...

Le témoin ne se trompe donc pas ?

Et voilà, Messieurs, de ces circonstances que la Providence semble ménager elle-même, pour faire reconnaître le coupable, et le signaler à la justice des hommes...

Ainsi, Messieurs, d'après les déclarations de *Saunier* et de *Chambon*, vous ne pourrez mettre aucun doute que

Barri n'ait commis une tentative d'assassinat sur chacun de ces volontaires-royaux.

Michel Mauric était incertain si *Barri* n'avait pas aussi commis une tentative d'assassinat envers lui ; comme il ne l'a pas affirmé, je n'en accuse pas *Barri*.

Mais, il en a commis encore une troisième, ou plutôt il y a encore preuve d'une troisième tentative ; car, Messieurs, à la fureur qu'il montra dans cette journée du 11, contre les volontaires-royaux, on peut aisément présumer qu'il en a commis plusieurs autres.

Je dis, Messieurs, qu'il est convaincu d'une troisième tentative d'assassinat sur les volontaires - royaux, par la déclaration de *Jean-Louis Richaud*, maire d'Arpaillargues.

Ce témoin avait d'abord déposé devant le juge d'instruction à Uzès, qu'*un volontaire-royal lui ayant remis son fusil et sa giberne*, SE SAUVAIT, *lorsqu'un habitant d'Arpaillargues*, QUI NE LUI ÉTAIT PAS CONNU, *voulut lui tirer un coup de fusil, se mit en joue, lâcha le chien, mais que le coup ne partit pas.*

Lorsque le maire d'Arpaillargues a été amené aux débats pour faire sa déclaration orale, il ne rapportait point cette circonstance ; il l'omettait entièrement.

Mais, lorsque M. le président lui eût rappelé sa déposition écrite, il reconnut que le fait était vrai, et il le déclara devant vous.

Lorsqu'on lui eut observé ensuite qu'il était impossible qu'*il n'eût pas connu* l'habitant qui avait voulu tirer le coup de fusil, puisque, ainsi qu'il en convenait, il habitait Arpaillargues depuis neuf ans, pressé par sa conscience, par les représentations de M. le président, il se détermina à avouer que l'habitant qui avait voulu tirer le coup de fusil était *Barri*, et il l'a soutenu depuis de la manière la plus affirmative : il a dit qu'il l'avait bien reconnu, parce qu'il n'était éloigné de lui que de quinze ou seize pas.

Quoique cette déclaration, Messieurs, n'ait été faite que tardivement, je ne lui donne pas moins une entière confiance, et elle mérite toute la vôtre.

Il est évident, en effet, que le sieur *Richaud* n'avait résisté à nommer *Barri*, que par la crainte qu'il avait de lui, ou par l'intérêt qu'il lui portait ; or, quel que soit le motif qui l'ait empêché jusqu'aux débats, de nommer *Barri*, la vérité de la déclaration qu'il a faite aux débats n'en est que mieux prouvée.

S'il craignait la vengeance de *Barri*, il ne l'aurait pas nommé, s'il n'eût pas été coupable...

S'il s'intéressait à lui, il ne l'a pas accusé faussement.

Le maire d'Arpaillargues, d'ailleurs, est un homme timide, pusillanime : mais, c'est un homme probe, j'aime à le croire du moins ; les fonctions même dont il est chargé en sont une preuve.

Un tel homme pourrait bien disssimuler une vérité, s'il craignait que la manifestation qu'il en ferait, aurait pour lui des suites fâcheuses ; mais d'après ce caractère même, (et indépendamment de sa moralité), il serait incapable d'inventer une fausse accusation.

Il reste donc prouvé, Messieurs, par la seule déclaration du maire, que *Barri* a voulu tirer un coup de fusil : or, c'était-là une tentative d'assassinat, qui a eu un commencement d'exécution, et qui n'a manqué son effet que contre l'intention de *Barri*.

Il est échappé à *Barri* lui-même des expressions (que vous avez sans doute retenues, quoiqu'il les ait désavouées dans la suite des débats), il lui est échappé, dis-je, pendant les débats, des expressions qui sont l'aveu très-formel qu'il avait tiré un coup de fusil sur un volontaire-royal.

Vous vous rappelez, Messieurs, que, pendant que le maire affirmait à la justice qu'il avait très-bien vu *Barri se mettre en joue; faire tomber le chien sur le bassinet ; sans cependant que le coup partît*, *Barri*, interpellant le maire, lui demanda, *s'il ne savait pas qu'il n'y avait rien dans le fusil...?*

Donc, *Barri* est convenu qu'il s'était mis en joue contre un volontaire-royal qui fuyait... ? donc, il est convenu qu'il avait fait le mouvement pour faire partir le coup.

Maintenant, si *Barri* veut se disculper de cette tentative d'assassinat, il faut qu'il prouve qu'il n'y avait rien dans le fusil, et qu'il avait connaissance qu'il n'y avait rien.

Mais, comment pourrait-on croire sa simple allégation ? comment croirait-on que, s'il n'y avait rien eu dans le fusil, il eût cherché à le tirer sur un militaire qui fuyait, à qui il ne voulait pas se contenter de faire peur par conséquent, puisque ce militaire, courant en avant de lui, ne pouvait pas le voir ?

Il est donc parfaitement prouvé que *Barri* a commis une tentative d'assassinat.

Le maire a ajouté, que *Barri* était animé contre les volontaires-royaux d'un horrible zèle... qu'il lui dit plusieurs fois, même avant d'avoir voulu tirer : *Faisons feu sur les Miquelets*.... ? *feu..... feu......*

Ainsi, Messieurs, d'après toutes ces dépositions, il reste prouvé que *Barri* a tenté d'assassiner plusieurs volontaires-royaux.

Il doit être déclaré complice des assassinats de *Fournier* et de *Calvet*.

Il doit être déclaré encore complice des tentatives d'assassinats sur *Charrai* et sur *Chambon*.

Il doit être déclaré, enfin, auteur de tentatives d'assassinats sur plusieurs volontaires-royaux.

Passons au troisième accusé, *Jean-Jacques Bresson*, garçon maréchal.

Il était l'ouvrier, le compagnon de *Barri*, mais dans la carrière du crime il s'est montré son maître.

Il est résulté des débats que, le 10 avril 1815, le surlendemain de la capitulation de La Palud, *Bresson*, sachant que les volontaires-royaux rentraient chez eux, parcourait la campagne pour les dévaliser, et qu'il les maltraitait cruellement.

Il était *en manches de chemises*, et il se montra le plus furieux, ont dit plusieurs témoins.

Paul Lambert a déposé qu'il le reconnaissait pour lui avoir pris son sac, et l'avoir frappé avec une giberne pleine ;

Dominique Reynaud a dit aux débats qu'il lui avait pris son sac, qui était parfaitement garni, et tout ce qui était dedans, et qu'il l'avait ensuite frappé rudement à coups de pied et de bâton.

Bresson n'a pu nier qu'il n'eût eu le sac de *Reynaud* à sa disposition ; mais il a prétendu qu'on le lui avait remis vide pour le porter à la mairie, ce qu'il avait fait.

Louis Plantevin nous a dit que *Bresson*, qui était *en manches de chemises*, lui avait donné un coup sur la tête, et l'avait fait avancer cinq ou six pas, en lui disant:

Brigand, tu n'y es pas encore : il a ajouté que *Bresson* lui prit son sac, dans lequel il y avait beaucoup d'effets et de l'argent.

Etienne Servan vous a dit que *Bresson* lui ôta son sac et trente écus qu'il avait dedans ; qu'il le prit ensuite par les cheveux, et lui donna des coups de giberne ;

Bresson enleva encore son sac à *Etienne Lautret* ; puis, il lui donna un coup de genou et un coup de pied dans les reins, et lui dit : *Tu n'y es pas encore* : c'est ce que vous a dit *Lautret* ;

Ranguet vous a dit que *Bresson* lui tomba dessus, en lui disant : *Brigand, arrête-toi....* : qu'il lui demanda son sac ; puis, à coups de pied, à coups de poings il le renversa à terre, lui passa une fourche au col, et lui tenant la tête fixée contre terre, lui fit crier : *vive l'empereur !*

Ranguet avait des couverts d'argent dans son sac, dont *Bresson* s'empara.

Cet homme avait un goût décidé pour les sacs, il en faisait une collection ; il les passait à son bras, et les débats ont prouvé qu'il s'était emparé de six au moins.

Tous les témoins l'ont parfaitement reconnu.

Ils ont dit qu'il avait un habillement analogue par la couleur à celui qu'il a aujourd'hui, et une casquette sur la tête.

L'accusé ayant invoqué lui-même le témoignage du maire et du sieur *Bousige*, ces deux témoins ont reconnu que la déposition des volontaires-royaux était sincère, quant à la couleur de l'habillement et à la casquette.

L'accusé lui-même a été obligé de reconnaître, dans une autre circonstance, qu'il portait une casquette ; il était même le seul qui en portât une pendant ces jours-là.

Il a bien voulu indiquer pour auteur des vols et des violences qu'on lui reprochait, un sieur *Jacques Vivier*, qui, a-t-il dit, *lui ressemble, et exerçait autrefois aussi le métier de maréchal* ; mais, il n'est nullement question dans la procédure de ce *Vivier* ; l'accusé, d'ailleurs, a été démenti par le sieur *Bousige*, qui a déclaré que *Vivier* n'avait point de casquette, du moins ce jour-là.

Quant au vol de l'argenterie, *Bresson* n'a pu nier qu'il n'en eût eu à sa disposition ; trop de personnes en avaient été témoins, le sieur *Bousige*, entr'autres, à qui il l'avait montrée.

Il était glorieux même du pillage qu'il faisait; car il tenait à honneur d'être connu : il montra, en effet, à *Ranguet* son bras gauche, sur lequel était imprimé le n°. de son régiment, dans lequel il avait servi, le n.° 42.

Ranguet avait servi dans le même régiment : *Bresson* avait été son camarade de lit pendant un an, et, en souvenir de cette fraternité, si puissante dans les âmes bien nées, sur les braves, *Bresson* le dépouilla de son argenterie.

Il est vrai qu'aux audiences, *Bresson* a prétendu que c'était *Boucarut* qui la lui avait donnée, et il a fait entendre des témoins qui n'ont point prouvé ce fait.

Mais, si ce fait était vrai, *Bresson* serait convaincu de recèlement, parce que cette argenterie ayant été volée à *Ranguet*, en présence même de *Bresson*, qui l'avait arrêté, *Boucarut* n'avait pas eu le droit d'en disposer : *Boucarut* aurait été le voleur, et *Bresson*, le recéleur.

Mais le fait est faux; il est prouvé faux par les réponses même que *Bresson* a données devant le juge d'instruction, et qu'il a signées, puisqu'il y a dit : « qu'il REFUSA *de partager cette argenterie* avec *Pierre*, domestique de *Boucarut*, quoique *Boucarut* voulût l'exiger de lui. »

Cependant, si *Boucarut* lui eût fait don de cette argenterie, *Boucarut* aurait eu le droit d'imposer à sa libéralité telle condition qu'il aurait voulu.....; *Bresson* n'aurait donc pas résisté à la partager avec son domestique.

Donc, il n'est pas vrai que ce soit *Boucarut* qui lui ait fait don de cette argenterie.....

Vous avez remarqué, d'ailleurs, que *Bresson* rejette toutes les accusations qui lui sont faites sur des absens....; sur *Boucarut*, qui est *contumax*; sur *Vivier*, qui n'est point chargé ni par la procédure, ni par les débats : et, telle est la tactique de tous les coupables... : quand le crime est constant, ils ont toujours à leur disposition un absent ou un inconnu à présenter pour auteur de ce crime....

Au reste, comment s'excusera *Bresson* des roupes dont il a dépouillé les volontaires-royaux, le 10 avril ?

Il est convenu qu'il leur en avait été pris quatre en sa présence; qu'on lui en remit deux, *à la charge de les rendre;*

benare, a-t-il dit dans son interrogatoire, devant un conseiller en la Cour.

Hé bien! il les a gardées! De l'une, il a fait des culottes, il a été obligé d'en convenir; et il prétend que l'autre lui a été reprise lors du désarmement général, fait par les Autrichiens.

Il s'était donc approprié les deux roupes dont il avait concouru à dépouiller des volontaires-royaux.

Ainsi, il est par trop évident, Messieurs, que *Bresson* s'est rendu, le 10 avril, coupable de vols, que ces vols ont été faits à *l'aide de violences*, car, plusieurs témoins ont dit qu'il les frappait avec des gibernes....; qu'il leur donnait des coups de poing et des coups de pied; qu'il les prenait par les cheveux.... *Paul Lambert* vous a dit qu'il avait été plus de deux mois malade, par suite des mauvais traitemens de *Bresson*.

Ces vols ont été commis *par plusieurs personnes, porteurs d'armes*; car, une foule d'habitans armés était répandue dans la campagne.

Ils ont été commis *dans un chemin public*; car les volontaires-royaux suivaient les chemins; ils voyageaient, et s'ils étaient obligés de s'en écarter, c'était pour éviter les brigands qui les poursuivaient.

D'après toutes ces preuves, je conclurai à ce que *Bresson* soit déclaré coupable de vols et de blessures telles que je viens de les caractériser; lesdites blessures et vols faits dans la journée du 10 avril.

La journée du 11 sera bien plus fatale à *Bresson*; car, il a été un des principaux acteurs de cette sanglante journée; il a accumulé crimes sur crimes.....

Joseph Delon vous a dit que *Bresson* fut un des premiers à faire feu sur les volontaires-royaux: le témoin vit qu'il s'était élevé sur une pierre, pour tirer plus à son aise: il le remarqua parfaitement; il l'a très-bien reconnu aux débats.

Bresson a nié ce fait, et il a prétendu qu'il était avec le maire, lors de l'arrivée des volontaires-royaux: mais le maire l'a nié.

Ainsi, la déposition de *Delon* conserve toute sa force.

4

Pierre Chabert a accusé *Bresson* de faits si horribles, qu'on se refuse d'abord à les croire.

Il vous a dit que *Fournier*, entrant dans le village, se voyant menacé de toutes parts, et n'apercevant autour de lui que des figures de brigands, et d'hommes avides de sang, distingua bien vîte *Bresson* qu'il avait connu à l'armée ; qu'il se jeta dans ses bras, en le suppliant de le sauver : *Sauve-moi, mon ami*, lui dit-il ;.... *oui, je vais te sauver*, lui répondit *Bresson* ; et il lui tira dessus.

Jean Saunier vous a déclaré que *Bresson* lui avait donné un coup de baïonnette au bras droit ; il vous en a montré la cicatrice.

Saunier a très-bien reconnu *Bresson* ; il a décrit la veste et la casquette qu'il portait en effet ; et qu'il portait seul ce jour-là, d'après la déclaration du maire et du sieur *Bousige*.

Bresson vous a dit, pour sa justification, qu'il avait bien un fusil, mais que ce fusil n'avait point de baïonnette. Il n'a point prouvé ce fait, et il était impossible qu'il le prouvât ; car, si bien un des brigands d'Arpaillargues avait un moment un fusil sans baïonnette, le moment après il avait un fusil avec baïonnette ; puis un sabre, sans fusil ; un bâton même, parce qu'ils changeaient d'armes à tout instant : celles des volontaires-royaux étaient répandues çà et là après leur désarmement, et c'étaient ces armes que les habitans d'Arpaillargues tournaient contre eux.

Claude Chambon, ce jeune militaire si malheureux et si intéressant, vous a dit que *Bresson* (dont il a parfaitement décrit les vêtemens et la coiffure) lui avait tendu un coup de bancal (de sabre renversé) ; que, l'ayant manqué, il s'était armé d'un bâton et l'en avait frappé de plusieurs coups.

Chambon l'a vu quelques momens après armé d'un fusil.

Henri Ours vous a dit qu'il lui avait donné un coup de crosse de fusil sur le crâne, qui avait fait jaillir le sang (il vous en a montré la cicatrice), et qu'ensuite il lui avait volé sa montre.

Ce témoin a bien dépeint l'habillement que *Bresson* avait ce jour-là ; et, à cet habillement, à sa coiffure particulière, l'on reconnaît bien *Bresson*.

Michel Mauric vous a dit qu'en entrant dans le village, *Bresson* le prit par le bras, et qu'il lui dit de crier *vive l'empereur*; que *Bresson*, un moment après, prit le fusil d'un des quatre volontaires-royaux avec lesquels *Mauric* se trouvait; que *Bresson* se mit trois fois en joue contre lui, lâcha le chien, mais que trois fois le fusil fit faux feu; que *Bresson* lui dit alors: *Brigand, remercie Dieu de ce que le fusil a raté, tu ne serais pas en vie.*

Mauric a ajouté qu'il se sauvait, pendant que *Bresson* cherchait à lui tirer un coup de fusil, mais que *Bresson* le poursuivait....; que lui *Mauric* fut arrêté par un groupe d'habitans, qui se hâtèrent de le dépouiller de ses vêtemens.

Que *Bresson* étant arrivé lorsqu'il était déjà dépouillé, et qu'il ne lui restait plus que sa chemise, *Bresson* lui dit: *Ta chemise est bonne; donne-la-moi, brigand;* et qu'il fut obligé de la lui donner.

Nicolas Méric vous a dit, qu'il avait vu *Bresson* courir sur un volontaire-royal avec un bancal à la main: c'était bien pour le frapper.

Nicolas Méric a affirmé qu'il reconnaissait parfaitement *Bresson*; il a dépeint très-exactement la couleur du vêtement qu'il portait, une veste bleue.

Bresson a bien nié qu'il eût été armé d'un bancal, mais *Pierre Olagner* a déclaré aussi devant vous lui en avoir vu un; et, par là, ces deux dépositions se corroborent mutuellement.

La concordance de tous les témoins qui ont accusé *Bresson* sur le vêtement qu'il portait, et la coiffure qu'il avait le 11 avril, ont dû vous convaincre, Messieurs, que les témoins ne s'étaient point trompés sur la personne de *Bresson*.

Maintenant, si je fais la récapitulation des crimes de *Bresson*, elle est affreuse.

Il a fait feu sur les volontaires-royaux, et des premiers... *Delon* l'a déposé.

Il a donné un coup de baïonnette à *Saunier*, qui l'a aussi déposé.

Il a lancé un coup de sabre à *Chambon*, et puis il l'a accablé de coups de bâton.

Il a couru sur un volontaire-royal, un bancal à la main ; *Nicolas Meric* l'a déposé.

Il a assené à *Henri Ours* un coup de crosse sur la tête, qui pouvait lui donner la mort, et qui avait cet objet.

Il a voulu trois fois assassiner *Mauric*, puisque trois fois il a cherché à faire feu sur lui.

Quelle horrible accumulation de crimes !

Il est évidemment coupable de tentatives d'assassinat, suivies d'un commencement d'exécution, et dont l'effet n'a manqué que contre sa volonté.

Il a volé sa montre à *Henri Ours*, après avoir tenté de l'assassiner.

Il a volé la chemise à *Mauric*, déjà dépouillé de ses autres vêtemens.

Ainsi, il est coupable de vols, à l'aide de violences ; et ces vols ont précédé, accompagné ou suivi les tentatives d'assassinats.

Il est coupable encore de complicité dans les assassinats commis sur *Fournier* et sur *Calvet*, s'il n'a pas été l'auteur de la mort de *Fournier* par le coup de feu qu'il a tiré des premiers sur les volontaires-royaux.

Il a été si féroce, si perfide, si scélérat, qu'on est humilié de lui trouver le visage d'un homme.

Je passe au quatrième accusé, à *Jean Boisson*.

Il a été peut-être plus féroce encore que *Bresson*. Je ne puis mieux vous annoncer l'atrocité de ses forfaits.

Rassemblons nos forces pour les rappeler.

Jean Durand, cultivateur à Arpaillargues, qui connaissait par conséquent bien *Boisson*, vous a dit que « *Four-* » *nier* étant étendu à terre, et encore vivant, il avait vu » *Boisson* piquer (frapper) *Fournier* avec une fourche de » fer, *jusqu'à ce qu'il eût perdu la vie.* » Ce sont les termes du témoin, et je me suis presque toujours attaché à les rapporter.

Henri Ribaud, un des accusés, vous a dit aussi qu'il avait vu *Boisson* frapper *Fournier* étendu à terre. Je sais bien, Messieurs, que la déclaration d'un accusé contre ses co-accusés ne fait pas pleine foi ; mais, du moins, elle fortifie les autres dépositions, lorsqu'elle est concordante avec elles ; et la déclaration de *Ribaud*, accusé, est confirmée par celle de *Jean Durand*, et par celle de *Henri Ribaud*, *fils de Jacques*.

Ce témoin a déposé, en effet, qu'au bruit du tocsin et de la générale il s'était caché dans un pailler......; qu'il en sortit lorsqu'il crut le calme rétabli, et qu'ayant rencontré *Boisson* qui portait une fourche de fer à la main, il lui entendit dire, dans son langage, *leïs avén bén couffta*.

Le lendemain, ce témoin entendit dire, par des personnes qui avaient vu la fourche de *Boisson*, qu'*elle était toute ensanglantée*.

Le lendemain, le même témoin a vu *Boisson* qui courait encore après les volontaires-royaux, et qui portait une fourche toute ensanglantée.

Pierre Boula vous a dit que *Boisson* lui avait lancé sa fourche de fer, pour le percer.

Claude Chambon vous a dit que *Boisson* lui avait envoyé un coup de sabre dans le ventre, qu'il avait eu le bonheur de le parer avec la main ; mais qu'aussitôt ce farouche vieillard lui avait donné cinq coups de sabre sur la tête, et du tranchant : *Chambon* vous en a montré les cicatrices.....

Vous vous rappelez que *Claude Chambon* a prouvé parfaitement qu'il reconnaissait bien *Boisson*.

Il vous a dit que le vieillard qui avait tenté de lui donner la mort, avait plusieurs places nues et chauves sur la tête.

Chambon n'apercevait point alors de nudités sur la tête de *Boisson*, parce qu'il l'avait couverte d'un bonnet blanc ; mais le Président ayant ordonné à *Boisson* d'ôter son bonnet, les nudités de sa tête, conformes à la description qu'en avait faite *Chambon*, sont venues attester, d'une manière irrésistible, que c'était bien ce misérable vieillard qui l'avait si cruellement frappé.

Louis André a déposé que *Boisson* lui avait enlevé son fusil et sa giberne, et qu'avec son propre fusil il lui avait donné un coup de crosse sur la tête avec tant de violence, que le sang avait aussitôt jailli avec abondance, et qu'il en avait été renversé à terre.

Pour toute défense *Boisson* s'en est tenu à une négative sèche ; c'est la ressource de tous les coupables convaincus.

Vous remarquerez, Messieurs, que *Boisson*, dans la journée du 11, s'est servi de toutes sortes d'armes ; tantôt d'une fourche de fer qu'il enfonçait dans le corps de *Fournier*, et dont il se vantait d'avoir bien *couffla* des volontaires-royaux ; tantôt d'un sabre dont il tenta de fendre la tête à *Chambon* ; tantôt d'un fusil dont il frappa si violemment *Jean André*.

Vous remarquerez encore qu'il n'est point accusé de vols.

Il n'a voulu que se rassasier de carnage.... Et je dirai qu'il sue le sang par tous les pores....

Allez, féroce vieillard, vous avez trop vécu..!!

Je vais vous parler, Messieurs, d'un autre vieillard, d'*Henri Ribaud*. Parmi les accusés, j'ai cherché, non pas un innocent, je savais qu'il n'y en avait point, mais, du moins, un coupable qu'on pût pardonner ;

L'ai-je trouvé, Messieurs ? je vais vous présenter, presque sans réflexions, ce qui est relatif à *Henri Ribaud*.

Je veux d'abord vous dire, Messieurs, que différentes personnes, très-recommandables, m'ont écrit, pour m'assurer que *Ribaud* avait toujours été un homme honnête, incapable de commettre aucun crime.

Cependant des charges très-graves s'élèvent contre lui.

Esprit Boyer a déposé que *Ribaud* lui prit son sac le 11, et que, quand il le redemanda, *Ribaud*, en retour, lui donna des coups de bâton.

Ribaud a nié d'avoir frappé *Boyer* ; il a nié de lui avoir pris son sac ; il est convenu d'en avoir ramassé un, et a soutenu de l'avoir rendu.

J. B Jubert vous a dit que *Ribaud* lui avait donné un coup de baïonnette dans le bas-ventre, qui lui avait déchiré la peau.

Nicolas Méric a déclaré que *Ribaud* lui donna un coup de fourche à la jambe, qu'il voulait lui en donner un second, et qu'il lui dit qu'il *voulait l'estropier entièrement* ; mais qu'il lui arracha la fourche des mains, qu'elle se démancha dans la sienne, et qu'il jeta le manche au loin......

Méric a ajouté que *Ribaud* alla le chercher, qu'il revint, et le lui cassa sur les épaules.

Ribaud a nié, et il a attribué les mauvais traitemens faits à *Nicolas Méric*, à un nommé *Charles Billon*, dont il n'a jamais été question dans la procédure, et qui, de l'aveu de l'accusé lui-même, a peu de ressemblance avec lui, puisqu'il n'a que cinquante-cinq à cinquante-six ans, et qu'il n'a pas les cheveux blancs...

Voilà donc déjà une déposition très-grave contre *Ribaud*.

Je ne fais, Messieurs, nul cas de l'accusation que lui a faite *Boisson*, et pour la première fois aux débats, d'avoir percé *Fournier* avec sa fourche... *Boisson* n'a fait cette accusation, que quand il a connu que *Ribaud* l'avait accusé lui-même d'avoir frappé et blessé *Fournier* et *Calvet* à plusieurs reprises. L'accusation de *Boisson* n'est donc qu'une récrimination qui n'est étayée d'aucune preuve, qui, faite par un scélérat consommé et réduit au désespoir, par l'abondance des preuves qui l'accablent lui-même, ne mérite aucune confiance.

Mais, que faire de l'accusation portée par *Boyer* contre *Ribaud*, de lui avoir pris son sac, et de lui avoir donné des coups de bâton...?

Que faire de la déclaration de *Jubert*, que *Ribaud* lui a donné un coup de baïonnette...

J. B. Jubert est un homme d'une probité reconnue; le défenseur de *Ribaud* lui-même lui a rendu publiquement cet hommage...?

Jubert invoquait encore sur le même fait le témoignage de *Jacob Chaillet*, qui s'était trouvé avec lui, et qui avait voulu contenir *Ribaud*. Il faut présumer que *Jacob Chaillet* aurait confirmé la déposition de *Jubert*, puisque *Jubert* l'invoquait; mais *Jacob Chaillet* a refusé de se présenter, et il été condamné à l'amende : toutefois la déposition de *J. B. Jubert* reste dans son entier; que faut-il en faire...?

Que faire de la déclaration de *Nicolas Méric*, qui accuse *Ribaud* de lui avoir donné un coup de fourche à la jambe...; qui l'accuse de lui en avoir donné d'autres encore... et de lui avoir cassé le manche de cette fourche sur les reins...?

Je l'avoue, Messieurs, je crois à la vérité de toutes ces déclarations... : les volontaires-royaux ont déposé avec tant de modération, tant de franchise, tant de calme, que je leur accorde toute confiance.

Les mauvais traitemens dont ils accusent *Ribaud* sont donc prouvés à mes yeux, et, d'après les principes que j'ai établis, ils le rendent coupable de tentatives d'assassinats, et complice des assassinats de *Fournier* et de *Calvet*, et des tentatives d'assassinats faites sur les autres volontaires-royaux.

D'un autre côté, un volontaire-royal, très-digne aussi de confiance, *César Dubois*, a déposé qu'étant au milieu d'une tourbe de forcenés qui disaient qu'il *fallait le tuer, puisqu'on avait tué Fournier, son camarade*, l'accusé *Ribaud* prit la parole, et supplia de ne pas le tuer, de ne pas le frapper davantage... qu'il en avait bien assez...

César Dubois a ajouté que les autres habitans disaient à *Ribaud* : *tais-toi, tu es un brigand comme eux*...

Si, aux yeux de ses compatriotes, *Ribaud* était un brigand comme les volontaires-royaux, il ne s'était donc pas montré l'ennemi des volontaires-royaux !

Ainsi, Messieurs, je vois deux hommes différens dans *Ribaud*.

J'y vois, par les dépositions de trois témoins dignes de foi, un assassin des volontaires-royaux.

J'y vois, par la déposition d'un autre témoin, un protecteur de ces braves militaires.

J'y vois un homme honnête, qui a obtenu les suffrages et l'appui d'hommes recommandables.

Dans cette perplexité, je n'écoute que mon devoir, tout rigoureux qu'il est dans cette occasion surtout... : les crimes ne se compensent pas par de bonnes actions.

Or, puisque je tiens pour prouvées les accusations portées contre *Ribaud*, je conclus à ce qu'il soit déclaré coupable.

Les crimes de *Mathieu Surian*, sixième accusé, sont éclairés de la plus affreuse lumière.

Nouveau Caïn, *Surian* porte sur lui-même la preuve de ses forfaits, et la providence a voulu le frapper elle-même d'un signe ineffaçable, pour qu'il devînt contre lui un témoin muet, mais irréprochable...

Jacques Guiot vous a dit qu'il avait vu *Surian* revenir

étant blessé au pouce, et qu'il lui avait entendu dire : *ce n'est rien, je me le suis fait moi-même.*

Marguerite Carrière a déclaré, qu'elle avait vu *Surian*, ayant le pouce blessé, et portant son fusil cassé; qu'elle entendit dire par ceux qui l'amenaient : *Surian a tiré un coup de fusil sur un volontaire-royal, le fusil s'est cassé.*

Cela se disait en présence de *Surian* lui-même, qui, en ne contredisant pas ce discours, convenait, par conséquent, de sa vérité.

Pierre Gaud a déposé plus affirmativement encore. Il a dit qu'il s'était trouvé près de *Surian*; qu'*il l'avait bien vu se mettre en joue, et tirer un coup de fusil* sur des volontaires-royaux, qui, étant poursuivis, avaient sauté dans la prairie de M. de *Montesse*, en passant dessus le mur; que le fusil de *Surian* s'était cassé à un ou deux pouces de la culasse, et qu'il entendit *Surian* dire qu'*il venait d'être blessé à la tête et au pouce.*

Surian niait fortement aux débats d'avoir tiré; mais le témoin *Gaud* a affirmé, de la manière la plus positive, qu'il l'avait vu *en joue.*

Louis Boucoiran a déposé qu'ayant vu venir *Surian*, *Surian* lui dit qu'*en tirant sur les brigands, son fusil s'était cassé, et qu'il l'avait blessé à la tête et à la main gauche.*

Thérèse Cassette a déposé qu'elle avait vu *Surian* tirer un coup de fusil sur les *Miquelets*, dans le pré de M. de *Montesse*; que le fusil *avait crevé*, et l'avait blessé *à la tête et au pouce gauche.*

La femme Bouard a déposé qu'elle avait entendu dire que *Surian* s'était blessé en tirant sur les *Miquelets.*

Il serait difficile, Messieurs, qu'un fait fût prouvé d'une manière plus positive que ne l'est celui-ci; voilà, en effet, six témoins qui tous s'accordent à établir que le fusil de *Surian* s'est cassé lorsqu'il tirait sur les volontaires-royaux.

Deux témoins attestent qu'ils ont *vu* tirer le coup, et le fusil se casser.

Trois attestent ses propres aveux.

Un autre dit que c'était le bruit public, et jamais on n'a raconté cet événement d'une autre manière.

Surian, Messieurs, a, dans ses réponses écrites et aux débats, nié fortement ces faits, si évidens cependant, et si terribles contre lui.

Dans ses premières réponses, du 6 octobre 1815, il a dit :
» que le 11 avril, sur les cinq heures du soir, il rentra dans
» Arpaillargues, revenant des champs ;

» Qu'il apprit que *Bertrand* était venu annoncer que des
» *Miquelets* avaient pillé et égorgé les habitans d'Aubusar-
» gues ; et que, sur cet avis, ceux d'Arpaillargues s'étaient
» armés, pour s'opposer à l'entrée des *Miquelets* ;

» Qu'on l'invita à s'armer comme les autres, et qu'alors
» il prit son fusil, et se rendit *au bas du village* ; qu'en y
» arrivant, il entendit des cris *au secours* venant de la troupe
» de militaires qui arrivaient de Montaren ; qu'il s'avança
» et qu'il reçut à la tête un coup de feu qui le renversa à
» terre, sans savoir par qui il avait été tiré ; qu'étant ainsi
» couché et étourdi, son fusil partit et le blessa au pouce
» de la main gauche, et à la tête. »

Il a répété ces allégations dans son second interrogatoire,
du 11 mai 1816.

Il les a répétés pendant les débats, sauf quelques changemens qu'il y a apportés ; changemens que je remarquerai,
parce qu'ils le mettent en contradiction avec lui-même.

Ainsi, il a dit dans ses réponses écrites, qu'*ayant entendu des cris il s'était avancé du côté d'où ils venaient,
et qu'il se rendit au bas du village* ; qu'en y arrivant, il
reçut un coup de feu à la tête qui le renversa à terre ; qu'étant
couché et étourdi, son fusil partit, creva, et lui emporta le
pouce gauche.

Or, d'après cette narration, il aurait été blessé avant d'arriver au pré de M. de *Montesse*, qui est à vingt pas plus
loin que *le bas du village* ; et cependant, aux débats, il a
soutenu qu'il avait été blessé *près du pré de* M. *de Montesse*.

Mais, faisons-lui grâce de cette contradiction.

Je dis, Messieurs, qu'il est impossible de croire à ses
allégations ; elles sont trop invraisemblables...

Il prétend qu'il a reçu un coup de feu à la tête, et il a,
en effet, la cicatrice d'un coup quelconque du côté gauche
de la tête.

Mais, de qui aurait-il reçu ce coup de feu ?

Il a dit que, lorsqu'il arriva dans le rassemblement, il
entendit les cris *au secours* que jetaient les volontaires-

royaux ; on avait donc déjà tiré sur eux. Or, avant qu'on tirât sur eux, ils avaient tous rendu leurs armes... : il est constant d'ailleurs, qu'aucun d'eux n'a tiré.

Donc, ce ne peut pas être des volontaires-royaux qu'il aurait reçu le prétendu coup de feu à la tête.

Il n'aurait pas mieux pu le recevoir des habitans d'Arpaillargues, puisqu'il aurait été au milieu d'eux, d'après ses réponses écrites.

S'il eût reçu le coup de feu des habitans d'Arpaillargues, il l'aurait reçu derrière la tête ; car, il ne leur faisait pas face... ; il faisait face, comme eux, aux volontaires-royaux.

D'ailleurs, comment concevoir que, si son fusil eût éclaté pendant qu'il *aurait été couché* par terre, il eût été blessé au pouce de la main gauche... ?

S'il fût tombé tenant son fusil à la main, il eût été naturel qu'il l'eût tenu de la main droite.

Et, si le fusil eût éclaté pendant qu'il était à terre, il aurait été blessé à la main droite.

Ainsi, tout prouve que ses assertions sont fausses.

Et aussi, n'a-t-il trouvé aucun témoin pour les appuyer, tandis que s'il eût été vrai qu'il fût tombé, et que son fusil se fût brisé pendant qu'il était à terre, il n'aurait pas manqué de témoins pour certifier ces faits, puisqu'ils se seraient passés en présence de plusieurs personnes.

L'état, la position de sa blessure, atteste au contraire que c'est en tirant son coup de fusil qu'il a été blessé.

Quand on met en joue, le pouce gauche est, en effet, appuyé sur le canon du fusil ; le canon ayant éclaté près de la culasse, a dû lui emporter le pouce gauche.

La position de sa blessure prouve ainsi parfaitement que son fusil a éclaté pendant qu'il était en joue.

Enfin, il y a deux témoins qui l'ont vu, près du pré de M. de *Montesse*, mettre en joue, tirer sur un volontaire-royal, et qui ont entendu le bruit du coup.

La tentative d'assassinat ne saurait donc être mieux prouvée.

Ce n'est pas même là, Messieurs, le seul crime que *Surian* ait commis.

Jacques Roche, boulanger à Nismes, a déposé avec une candeur qui force la confiance.

Il a dit qu'il avait reconnu *Mathieu Surian* qui était devant les charrettes que les habitans d'Arpaillargues avaient placées en barricades à l'entrée du village ;

Que lorsqu'on eut forcé les volontaires-royaux de crier *vive l'empereur*, une fusillade partit du côté d'Arpaillargues, et que les volontaires-royaux prirent la *débandade*.

Roche, étant arrivé à un contour, entendit *Surian* qui lui disait : *brigand tu ne quittes pas ton sac, a bas le sac...?* et aussitôt *Surian* lui tira un coup de fusil qui le blessa à l'épaule.

Roche vous a parfaitement expliqué qu'il avait bien vu, bien remarqué *Surian* ; qu'il le vit mettre en joue, et qu'il se sentit immédiatement blessé.

Il vous a dit que, dans le moment où il reçut la blessure, il ne vit personne autre en joue que *Surian*.

Il a très-bien reconnu *Surian* aux débats. Je n'en suis point étonné, Messieurs : le visage de celui qui menace de la mort fait toujours, sur celui qui est menacé, l'impression la plus profonde...; on n'est occupé que de lui ; sa figure se grave dans l'ame plutôt que dans la mémoire, et on n'oublie plus ses traits...

Aussi, Messieurs, tous les volontaires-royaux qui ont pu voir leurs assassins, n'ont jamais hésité à les reconnaître ici, quand ils se sont trouvés parmi les accusés.

Surian, reconnu par *Roche*, est donc convaincu d'une tentative d'assassinat envers lui. C'est son second crime.

Il a commis un troisième crime, par une autre tentative d'assassinat sur *François Penitier*, maçon.

Ce témoin vous a dit que s'étant mis à courir pour se sauver, il arriva près d'un mur qui entourait un pré (c'était celui de M. de *Montesse*) ; que ce mur avait cinq pieds ; qu'il mit les mains dessus, s'élança, sauta en-dedans d'un pré, près d'un cloaque...

Qu'étant arrivé *près d'un clédis* (porte à claire-voie), par laquelle il voulait s'échapper, il vit *Surian* qui lui tira un coup de fusil...; que la balle fit tomber son schakot...; qu'il n'en fut point blessé cependant, mais qu'il feignit de l'avoir été, dans l'espérance d'exciter la pitié de ses assassins ; qu'il plaça ses deux mains sur sa tête, et se mit à crier: *ah, mon Dieu! ah, mon Dieu!...* ; qu'il continua de courir ; qu'un habitant d'Arpaillargues lui dit de courir *à droite...* ; qu'il suivit cet avis, croyant qu'il avait pour objet de le soustraire à quelques coups de fusil, mais qu'il reconnut qu'il n'en avait d'autre que de le placer plus à portée d'être fusillé ; car il n'eût pas plutôt pris *à droite*, qu'un habitant, qu'il ne connut pas, lui tira son coup de fusil ;

Qu'on lui tira encore un troisième coup de fusil, qui le blessa ;

Qu'un peu plus loin, il fut déshabillé, volé..., dépouillé entièrement.

La déposition de ce témoin, Messieurs, relative à *Surian*, a dû vous convaincre qu'il ne se trompait point, lorsqu'il indiquait *Surian* comme lui ayant tiré le premier coup de fusil... : les détails dans lesquels il est entré vous ont appris qu'il avait conservé toute sa présence d'esprit, puisqu'il avait *feint* d'être blessé, pour se faire plaindre...

Ce témoin, d'ailleurs, est d'accord avec *Surian* sur une circonstance importante ; il a dit, en effet, que le coup de fusil lui avait été tiré par *Surian près du clédis* ; et *Surian* est convenu de s'être trouvé *près du clédis...* Donc, le témoin a pu le voir... : donc, il ne s'est pas trompé sur la personne de *Surian*.

Je dois vous faire remarquer encore, Messieurs, une circonstance qui vous convaincra que ce témoin, en désignant *Surian*, a bien voulu dire la vérité, et qu'il l'a désigné sans aucun esprit de vengeance.

Penitier a reçu trois coups de fusil ; celui que lui a tiré *Surian* ne l'a point blessé, tandis qu'il a été blessé par le troisième.

Le coup de fusil tiré par *Surian* est donc celui dont *Penitier* a le moins à se plaindre ; c'est celui qui, à ses yeux, doit paraître le moins criminel, le moins punissable, quoique, pour les criminalistes (ce que n'est pas le maçon *Penitier*), tous les coups de fusil le soient également, même ceux qui n'ont pas blessé. Mais enfin, d'après l'opinion vulgaire (qui doit être celle du maçon *Penitier*), le coup le plus criminel, celui qui devait emporter la peine la plus sévère, devait être celui qui avait fait des blessures...

Hé bien ! ce n'est pas ce coup-là que *Penitier* a attribué à *Surian*; c'est le coup qui ne l'a pas blessé.

Or, Messieurs, je conclus de là que *Penitier* n'a écouté que la vérité, en disant que *Surian* lui avait tiré le premier coup... qu'il n'a point agi par esprit de vengeance...; qu'il n'a point voulu aggraver ses torts ; car, s'il eût voulu déposer faussement contre *Surian*, en le choisissant pour l'objet d'une vengeance, il l'aurait en même-temps accusé du coup de fusil qui l'avait blessé.

Il faut donc donner toute confiance à la déposition de *Penitier*.

Surian est ainsi convaincu de trois tentatives d'assassinats sur des volontaires-royaux, toujours avec *préméditation*.

Surian est coupable encore de tentatives de vols, à l'aide de violences, par plusieurs personnes armées, sur un chemin public, puisqu'il a tiré dessus *Penitier*, pour lui faire quitter son sac.

Il ne doit donc pas échapper à la vengeance des lois.

Je passe à *Elisabeth Bastide*, veuve *Boucoiran*, septième accusée.

A ce nom, se présente à l'esprit le tableau des crimes les plus affreux, et je ne m'occupe de cette femme qu'avec une horreur presque insurmontable. Dans la carrière des forfaits, elle s'est montrée l'émule des hommes les plus sanguinaires...; elle les a surpassés même en atrocités.

Rappelons tous ces crimes, puisque notre ministère nous impose ce cruel devoir.

Jacques Guiot a déposé que *Fournier* et *Calvet* ayant été renversé par les coups qu'ils avaient reçus, *la Boucoiran* se porta, avec sa fille, sur *Calvet*.

Sa fille est à peine âgée de 13 ans..: ainsi elle élevait sa fille au meurtre ; elle l'instruisait, par son exemple, à verser le sang humain...!!! Je ne prendrai ici aucune conclusion contre la fille ; elle est dans les fers, et elle paraîtra bientôt devant la justice.

La veuve *Boucoiran*, vous a dit *Guiot*, frappait *Calvet* sur la tête et sur les épaules, à coups de fourche... Parvenait-il à se relever, elle le frappait encore, et le faisait retomber.

Calvet la suppliait de cesser!!... elle fut inflexible, elle ne le laissa que lorsqu'elle le crut mort.

Marguerite Carrière vous a dit qu'elle avait vu *la Boucoiran*, ainsi que sa fille, frapper *Calvet* avec une fourche de fer ; la fille frappait elle-même avec un bâton ; c'était le manche de sa fourche, parce que la fourche s'était cassée, comme vous l'a dit le jeune témoin *Paul Gaud* ; *la Carrière* entendit que la mère disait à sa fille : *c'est assez, viens-t'en...*

Etait-ce un sentiment de pitié qui lui dictait ces paroles ? Non, Messieurs, c'est qu'elle croyait *Calvet* mort... *C'est assez, il n'est plus besoin de le frapper*, la conduite et les discours tenus postérieurement par *la Boucoiran*, prouvent suffisamment que telle était son intention.

Claude Chambon vous a dit que *la Boucoiran* et sa fille frappèrent le malheureux *Calvet*.

Claude Chambon lui-même eut la douleur, l'humiliation peut-être plus grande encore que la douleur, d'être frappé à coups de bâton par la fille *Boucoiran*, en présence de la mère ;... Par une fille ?... par une jeune fille, en présence de sa mère ?... C'est la mère qui est la principale coupable ! ! !...

Thérèse Cassette vous a dit qu'elle avait vu la veuve *Boucoiran* frapper *Fournier* de la pointe de sa fourche, la lui enfoncer dans le corps si profondément, qu'elle fut obligée de lui mettre le pied sur le ventre pour la retirer....

La Bouard vous a dit qu'elle avait vu *la Boucoiran* et sa fille qui *massollaient* (c'est l'expression du témoin), qui *massollaient*, avec un bâton, un militaire étendu à terre.

La femme *Ribaud* a déposé la même chose.

Vous vous rappelez, Messieurs, qu'avant la déposition de ces trois femmes, M. le Président ayant interpellé *la Boucoiran* de proposer des reproches contre ces témoins, si elle en avait, cette accusée répondit qu'elle n'en avait aucuns ; qu'elle les connaissait pour de braves femmes ; mais, après leurs dépositions, elle les a accablées d'injures, et par ses éclats, par ses emportemens, elle vous a donné elle-même une idée de l'impétuosité de son caractère, et des fureurs auxquelles elle s'est livrée pendant la journée du 11 avril.

Paul Gaud, ce jeune témoin qui a déposé avec tant de précision, vous a dit qu'il avait vu *la Boucoiran* frapper *Calvet* (ou *Fournier*) avec sa fourche, *du plat, de la pointe, de toutes manières....*

César Dubois vous a dit qu'il avait vu la veuve Boucoiran frapper Fournier à coups de fourche, tandis qu'une jeune fille le frappait à coups de bâton sur la tête.

César Dubois a vu lui-même *la Boucoiran* enfoncer sa fourche dans le corps de *Fournier*, et la retirer toute ensanglantée ; elle se fit un triomphe de cet acte de férocité, et en la lui montrant elle lui dit : *vois, brigand*.

César Dubois a ajouté qu'ayant été conduit en prison, la femme *Boucoiran* y vint elle-même, pour contempler de plus près ses victimes, et qu'en s'adressant à lui, elle lui dit : *si toutes en avaient fait autant que moi, il n'y en aurait pas autant en prison, il n'y en aurait point qui fussent en vie ; mais*, ajoutait-elle, *la nuit n'est pas encore passée....*

Le lendemain matin, *César Dubois*, étant toujours dans la prison, demanda une eau-bouillie à la femme *Boucoiran* qui était revenue à la porte de la prison ; au lieu de la lui donner, elle lui dit : *tu n'es pas encore mort ! hé bien, au lieu d'une eau-bouillie, il faut te donner du poison....*

Vous avez remarqué, Messieurs, que la femme *Boucoiran* n'avait commis aucun vol ; elle n'égorgeait donc les volontaires-royaux que pour assouvir la soif qu'elle avait de verser leur sang....!! Aussi, a-t-elle épuisé sur les malheureux *Fournier* et *Calvet* tous les genres de cruautés.

Toute seule, elle a réalisé ces tableaux de notre religion, dans lesquels *une foule* d'esprits infernaux tourmentent en tous sens un malheureux damné.

Femme atroce ! jamais les châtimens humains ne seront proportionnés à vos forfaits....

Passons à *Jean Blancher* dit *Maron*, dénommé *Jacques* dans l'acte d'accusation.

Les charges qui s'élèvent contre lui, sont aussi graves qu'évidentes.

Jacques Guiot a déposé qu'il l'avait vu courir après un militaire qu'on conduisait en prison, et lui donner un coup de sabre sur la tête, mais qu'il ne vit point sortir du sang.

Jean Ribaud a vu *Blancher* armé d'un sabre, frapper avec le tranchant, *Calvet*, étendu à terre, et déjà mortellement blessé.

Paul

Paul Gaud a vu aussi *Blancher* frapper un des hommes étendus à terre, avec un sabre.

Ces trois témoins sont habitans d'Arpaillargues; ils ont parfaitement reconnu *Blancher*, qu'ils connaissaient déjà avant l'événement.

Blancher a même déclaré dans ses réponses écrites, qu'il n'avait aucuns reproches à faire ni contre *Guiot*, ni contre *Ribaud*.

Blancher, pour toute défense, a nié l'accusation, et a prétendu qu'il n'avait point eu de sabre le 11 avril; mais sa négative ne peut pas détruire la foi due à trois témoins uniformes sur ce fait.

Par la déposition de *Guiot*, *Blancher* est convaincu de tentatives d'assassinat sur un volontaire-royal, quoiqu'il ne soit pas prouvé que le coup de sabre ait produit une effusion de sang.

Lorsqu'il courait, en effet, sur un militaire qui était déjà prisonnier.....; lorsqu'il le frappait avec une arme meurtrière, il avait bien l'intention de lui donner la mort.

Il est coupable d'ailleurs de l'assassinat de *Calvet*, puisque deux témoins l'ont vu frapper *Calvet* étendu à terre, avec son sabre.

L'un des témoins, *Jean Ribaud*, a même dit qu'il le frappait du tranchant; mais ne l'eût-il frappé qu'avec un bâton, il serait coupable de l'assassinat, parce que *Calvet* est mort du grand nombre de coups qu'il a reçus, et qu'on ne peut pas déterminer celui qui lui aura donné la mort.

Si, pour déclarer un individu convaincu de l'assassinat d'un homme qui aurait reçu plusieurs blessures, il fallait déterminer l'individu qui a fait la blessure laquelle a donné la mort, tous les assassins, les uns à la faveur des autres, échapperaient à la peine de leur crime; un assassin qui aurait été seul, serait puni de la peine capitale, tandis que plusieurs assassins réunis seraient absous à la faveur de cette réunion.

Il n'est personne qui ne sente toute l'absurdité d'un tel système.

Fût-il bien prouvé d'ailleurs que les coups que *Blancher* aurait portés à *Calvet* ne lui aurait pas donné la mort, on pourrait bien ne pas le déclarer l'auteur de la mort, mais il faudrait nécessairement l'en déclarer *complice*, car il *a aidé* ceux qui l'ont assassiné.

Il a frappé enfin *Calvet* avec une arme meurtrière ; il a donc bien voulu lui donner la mort.

Et il n'a pas seulement eu la volonté de donner la mort, mais il a agi encore avec *préméditation*. Quand on court, en effet, avec un sabre sur un homme désarmé, mis sous la protection d'une garde, déjà prisonnier, il y a bien *préméditation* de lui arracher la vie.

Quand on frappe un homme à terre, déjà blessé mortellement...., qui est sans mouvement, il y a bien *préméditation*, projet réfléchi de lui ôter un reste de vie.

Ainsi, *Blancher* est convaincu d'assassinat sur la personne de *Calvet*, et de tentative d'assassinat sur un volontaire-royal.

Il doit être déclaré *complice* encore de l'assassinat de *Fournier*, et des tentatives d'assassinats sur *Charrai* et *Chambon* ; car, quand on commet un assassinat sur un individu, on s'associe aux assassinats qui sont commis dans le même temps et dans le même lieu sur d'autres individus...., on les encourage, on les *facilite*, on les favorise, on y participe.

Venons à *Jacques Reboul*, charbonnier ; neuvième accusé.

Reboul est coupable d'assassinat.

Déjà, dès le 10 avril, il était furieux contre les volontaires-royaux ; il alla dans la prison où étaient renfermés ceux que les habitans d'Arpaillargues avaient arrêtés le matin, et il menaça de fusiller *Antoine Servan* qui y était détenu.... ; c'est ce que vous a dit *Servan* lui-même ; cependant ses menaces n'eurent aucun commencement d'exécution.

Mais, le 11, il commit des assassinats et des tentatives d'assassinats.

Jean Ribaud, habitant d'Arpaillargues, vous a dit qu'il avait vu *Reboul* frapper *Calvet*, qui était déjà blessé, de la crosse de son fusil, et *avec tant de violence*, *que le fusil se cassa*, et que le malheureux *Calvet* fut renversé de nouveau.

Louis Boucoiran vous a dit que *Reboul* tomba sur *Calvet* (qui avait déjà été blessé et renversé à terre) lorsqu'il se relevait....; qu'il le frappa sur la tête, de la crosse de son fusil, avec tant de violence, que le fusil se cassa, et que le canon resta dans les mains de *Reboul*.

Voilà deux témoins bien concordans qui font preuve parfaite que *Reboul* a assassiné *Calvet*, puisque *Calvet* est mort de ses blessures, dans la même soirée.

Ces deux témoins connaissaient très-bien *Reboul* avant l'événement ; *Reboul* n'a proposé aucuns reproches contre eux, ni dans son interrogatoire, ni aux débats ; il a dit seulement que *Jean Ribaud* était un faux témoin..... et qu'il avait eu une dispute avec lui ; mais le témoin l'a nié.

Dans son interrogatoire du 11 mai dernier, *Ribaud* a prétendu que, le 11 avril 1815, il était sorti de sa maison aux cris de *au secours* que l'on jetait ; que le sieur *Richaud*, aujourd'hui maire d'Arpaillargues, l'ayant rencontré, lui avait remis en main un fusil déjà cassé, et qu'on avait racommodé avec une ficelle ; il a dit qu'il ne s'était point servi de ce fusil, qu'il n'en avait frappé personne.

Ne pouvant pas nier cependant qu'un fusil s'était cassé dans ses mains, il a dit qu'ayant pris peur, et s'étant mis à courir, il s'était laissé tomber, et que le fusil qu'il portait s'était cassé.....

Aux débats, il n'a pas dit qu'il avait pris peur, qu'il s'était mis à courir, et qu'il était tombé en courant ; mais il a dit que dans la foule on l'avait poussé, et qu'il était tombé.

Une telle défense est absurde !

D'abord le sieur *Richaud*, maire d'Arpaillargues, a nié d'avoir remis aucun fusil à *Reboul*.

Reboul, n'osant pas contredire cette négative du maire, a dit aux débats que c'était la femme du maire qui lui avait remis un fusil : rien de plus invraisemblable.....; et d'ailleurs le maire a encore nié ce fait....

Il résulte donc que, de l'aveu même de *Reboul*, il a eu un fusil en main.

Reboul est convenu encore que ce fusil s'était cassé dans ses mains ; il a dit qu'il avait pris peur, qu'il s'était mis à courir, qu'il était tombé, et qu'en tombant le fusil s'était cassé.

Mais, de qui aurait-il pris peur ? C'était lui et ses co-brigands qui faisaient peur aux volontaires-royaux, qui aussi se sauvaient à toutes jambes pour éviter la mort dont ils étaient menacés de tous côtés.

Ses allégations ne méritent donc pas la plus légère croyance ; il a cassé son fusil, voilà un fait dont il a été forcé de convenir.

Deux témoins ont vu, et ont déposé qu'il avait cassé ce fusil en frappant, à coups redoublés, sur la tête de *Calvet* déjà blessé, et que ses coups le faisaient retomber lorsqu'il se relevait.... On ne peut croire à tant de barbaries ! et cependant il les a commises !!!

Il est donc coupable de l'assassinat de *Calvet*.

Il est auteur encore d'une tentative d'assassinat sur *Michel Mauric*.

Ce témoin vous a dit, qu'ayant été mis en prison dans la journée du 11 avril, *Reboul* vint dans cette prison ; qu'il était armé d'un fusil, et qu'il voulut le tuer. Ce témoin a ajouté, que *Reboul* l'aurait tué, s'il n'en eût été empêché par un jeune homme : ainsi, c'est contre sa volonté, si *Reboul* n'a pas consommé l'assassinat de *Michel Mauric*. Ce témoin a fort bien reconnu *Reboul*, et vous vous rappellez qu'il vous a dit qu'*il le connaissait comme son père*.

Reboul doit donc être déclaré coupable d'assassinats, et de tentatives d'assassinats.

Pierre Rouvière, dixième accusé, s'est aussi rendu coupable de tentatives d'assassinats et de vols.

Claude Chambon vous a dit que, le 11 avril, *Pierre Rouvière* le força de lui remettre sa capote, sa giberne et son fusil ; et qu'avec son propre fusil, il lui donna aussitôt un coup de baïonnette dans le bas-ventre.

Jean Ribaud vous a dit, qu'il avait vu *Rouvière* donner un coup de baïonnette dans la cuisse à un volontaire-royal, qui cependant ne lui fit point de mal, et ne perça que ses vêtemens.

Il est possible que le coup de baïonnette qu'a vu donner *Jean Ribaud*, soit celui reçu par *Chambon*.

Jean Chanrial a accusé *Rouvière* de forfaits plus graves et plus atroces encore, par les circonstances qui les environnent.

Il vous a dit, qu'ayant été atteint ou rencontré par *Rouvière* qui portait déjà un fusil, celui-ci lui dit : *brigand, rends les armes* ; qu'il les lui donna, ainsi que sa giberne... ; qu'il lui demanda son sac, qu'il le donna.... ; qu'il le fouilla ensuite par tout le corps, et qu'il lui prit 16 liv. 4 s. qu'il avait mises sous ses aisselles, croyant les bien cacher.... ; *Chanrial* lui ayant demandé de lui laisser au moins les 4 sous pour *boire la goutte*, *Rouvière* les lui refusa impitoyablement.... *Chanrial* a ajouté, qu'après l'avoir ainsi dépouillé, *Rouvière* lui dit : *brigand, mets-toi à genoux, fais ta prière, je vais te fusiller*.... ; qu'il implora sa pitié, mais qu'il persista à vouloir le fusiller..... : que, dans ce moment, un volontaire-royal ayant passé, on cria de tous côtés, *sarre, sarre le brigand* ; que cet événement ayant fait diversion, lui *Chanrial* en profita pour se sauver, et qu'il se mit à courir à toutes jambes ; que plusieurs habitans qui étaient occupés à dépouiller *Fournier* qui n'était pas loin de là, se mirent à sa poursuite ; que *Rouvière* alors lui tira un coup de fusil à balle, qui lui siffla aux oreilles.....

Or, Messieurs, le coup de baïonnette donné à *Chambon* par *Rouvière*, celui dont a parlé *Ribaud* ; le coup de fusil tiré sur *Chanrial*, sont bien des tentatives d'assassinats, telles qu'elles sont caractérisées par le code pénal.

Ces tentatives d'assassinats de la part de *Rouvière* le constituent *complice* de tous les autres crimes commis par d'autres individus dans la même journée.

Rouvière a d'ailleurs commis un vol envers *Chambon*, puisqu'il lui enleva sa capote, son fusil et sa giberne : il fit le même vol à *Chanrial*.

Ainsi, *Rouvière* doit être déclaré coupable de tentatives d'assassinats, et encore de vols.

Il faut que tous les coupables soient punis.... Gardez-vous bien, Messieurs, d'un système d'indulgence qui enhardirait les scélérats, et porterait le trouble dans le département entier..... : ne perdez pas de vue, que d'une juste sévérité, dans cette circonstance, dépend la tranquillité publique..... ; qu'on prendra confiance dans les lois, quand les ministres des lois seront inexorables pour le crime...., et sur-tout pour des crimes qui ont épouvanté l'humanité.

J'arrive au onzième et dernier accusé, *Mathieu Mazel*.

Il paraissait, dans les premières séances, qu'il n'avait pas été aussi coupable que ses co-accusés; mais les derniers débats l'ont inscrit pour toujours sur l'affreux catalogue des scélérats qui ont commis des crimes dans la sanglante journée du 11 avril.

Je vais, Messieurs, vous rapporter avec exactitude les dépositions qui le concernent.

Etienne Lautret a vu, dans la journée du 10, *Mathieu Mazel* à la tête d'un attroupement; il avait un bâton à la main; les attroupés étaient armés de fourches, de faux, de bâtons et d'autres instrumens. *Lautret* a dit que *Mazel* ne lui parut pas avoir de mauvaises intentions.

Pierre Boula a dit que, le 10, lorsqu'on le sortit de prison, *Mathieu Mazel* lui montra le chemin qu'il devait prendre.

Jean Ranguet a dit que, lorsqu'on le conduisait hors du village (toujours le 10) ayant été dépouillé de tout, et ayant la tête découverte, parce qu'on lui avait pris son chapeau, *Mathieu Mazel* lui dit de mettre son mouchoir sur sa tête; que, n'en ayant point, il le dit à *Mazel*, qui lui répondit: *si j'en avais un, je vous le donnerais*.

Ainsi, Messieurs, dans toute cette journée du lundi 10, *Mazel* n'a rien fait qui soit punissable, quoiqu'il fût du rassemblement, parce que le rassemblement n'a pas été réputé crime.

Pierre Pons a déposé que, le dimanche 9, *Mathieu Mazel* l'avait arrêté à la sortie d'un bois, entre six à sept heures du soir, et qu'il lui avait volé 41 fr.: *Pierre Pons* a affirmé qu'il le reconnaissait très-bien à son *nez camard*.

Pierre Pons avait cité pour témoin du vol qui lui avait été fait, *Jourjon*. *Jourjon* a été appelé: il a confirmé le fait du vol, mais il a d'abord indiqué *Surian* pour en être l'auteur; il a ensuite hésité entre *Surian* et *Mazel*: ainsi, *Jourjon* étant resté dans le doute, sa déposition ne doit point être comptée contre *Mazel*, parce que tous les doutes se décident toujours en faveur des accusés.

Il reste donc la déposition de *Pierre Pons*, qui accuse *Mathieu Mazel* de lui avoir volé 41 fr., à la sortie d'un bois, la nuit; et la vérité de cette déposition est fortifiée par les démarches qui ont été faites auprès de *Pierre Pons*, par les parens de *Mazel*. Il a été prouvé aux débats, qu'on lui avait fait des offres très-avantageuses, pour l'engager à dire aux débats, qu'il ne reconnaissait pas *Mazel* pour l'auteur du vol, et que c'était un autre *camard* qui l'avait dépouillé.

Pons a refusé ces offres ; et par là, Messieurs, vous avez eu une preuve de la loyauté de tous les témoins, sur-tout de ceux qui ont été volontaires-royaux.... : l'amour du prince est chez eux le compagnon d'autres vertus.... Tous ils se sont fait une religion de ne désigner à la justice que ceux qu'ils reconnaissaient parfaitement parmi les accusés ; et vous en avez vu beaucoup qui avaient considérablement souffert, et qui disaient avec candeur, qu'ils ne reconnaissaient aucun des accusés pour l'auteur de leurs maux, lorsqu'ils étaient sûrs, cependant, de ne pouvoir pas être démentis, puisque tous ces accusés se sont trouvés au rassemblement du 11. Mais la vérité a été leur seul guide.... ; aucune sollicitation, aucune offre d'argent n'a pu les engager à la céler *en faveur* d'un accusé qui, dans la ville, a des parens recommandables et estimés : comment pourrait-on craindre qu'ils eussent déposé faussement *contre* des accusés, pour les conduire à l'échafaud....?

J'ai déjà eu occasion de le dire, Messieurs, et je le répète avec une douce satisfaction dans l'intérêt de la justice : des témoins ne pouvaient pas mettre plus de circonspection, plus de sagesse, plus de réserve, plus de pureté, *plus d'innocence*, que les volontaires-royaux, témoins de Nismes, n'en ont mis dans leurs dépositions. Je regarde comme vrai tout ce qu'ils ont déposé, parce que, lorsqu'ils ont craint de se tromper, ils l'ont dit eux-mêmes ; je regarde donc comme prouvé, le fait que *Mathieu Mazel* a volé à *Pierre Pons* 41 fr. le 9 avril, à la sortie d'un bois, et la nuit.

Mais *Mazel* s'est bien rendu coupable de crimes plus graves, dans la journée du 11 avril ; dans cette funèbre journée, il s'est baigné dans le sang des volontaires-royaux..

Michel Chambon vous a dit, qu'il avait vu *Mazel*, à l'entrée du village, derrière une charrette, et qu'il l'avait vu, non pas tirer un coup de fusil sur son camarade *Martin Reynaud*, mais qu'il lui avait vu un fusil à la main, et qu'il avait jugé, par la position où il se trouvait, que c'était lui

Mazel, qui avait tiré un coup de fusil à *Reynaud*, lequel coup lui avait percé le chapeau.

Il vous a dit qu'il avait très-bien remarqué *Mazel*, à son nez camard, à une verrue qu'il avait au nez; et *Mazel* a bien tout cela, *nez camard, verrue à côté du nez*.

M. le Président ayant fait appeler *Martin Reynaud*, en vertu du pouvoir discrétionnaire, *Martin Reynaud* a déclaré très-affirmativement qu'il reconnaissait bien *Mathieu Mazel*, pour celui qui lui avait tiré le coup de fusil qui avait percé son chapeau; chapeau qu'il vous a présenté.

Reynaud vous a dit, qu'il avait vu *Mathieu Mazel* qui était derrière des charrettes mises en travers de la rue; lequel *Mazel* s'était élevé en montant sur la roue.....; qu'il l'avait vu de très-près, à six ou sept pas seulement; qu'il avait bien eu le temps de l'examiner....; qu'il avait bien remarqué alors son *nez camard, et la verrue à côté du nez*....; qu'il le reconnaissait parfaitement ici.

Il vous a dit qu'ayant pris la fuite, il lui fut tiré un coup de fusil qui porta dans son chapeau; qu'il se retourna, qu'il vit derrière lui *Mazel* qui le poursuivait toujours, même après le coup.

Reynaud vous a dit, qu'il jugea que c'était *Mazel* qui lui avait tiré le coup, parce qu'il était plus près derrière lui que d'autres habitans qui étaient répandus dans la campagne...: *Reynaud* vous a parlé des vêtemens de *Mazel*, de son gilet déboutonné....

Martin Reynaud vous a donné des détails qui n'ont pas dû vous laisser douter de la sincérité de sa déclaration.

Ainsi, déja *Mathieu Mazel* est convaincu de tentatives d'assassinat dans la journée du 11.

Paul Saunier, gendarme, a fait contre *Mazel* une déposition plus terrible encore.

Il vous a dit, qu'il entra des premiers dans le village...; qu'on se saisit de lui, et qu'on le conduisit sur la place....; qu'il fut bientôt environné d'hommes armés; qu'il remarqua surtout *Mathieu Mazel*, parce que celui-ci l'interrogea assez longuement; que *Mathieu Mazel* lui disait: *On dit que les brigands ont assassiné les ministres protestans à Valence; il faut dire la vérité, ou c'est ici qu'il faut périr.* Ce témoin vous a dit, qu'il avait bien eu le temps d'envisager *Mazel*, parce qu'il le tint plus d'un quart d'heure sur la place. Il vous a dit qu'il tenait à la main (un petit sabre) un *briquet*, *qui était tout ensanglanté...* : il remarqua que le sabre n'avait point de fourreau, parce que *Mazel* n'avait point de baudrier.... Il vous a dit, que *Calvet* était dans ce moment près de lui, étendu à terre, blessé à mort.

Paul Saunier vous a dit encore, qu'après l'interrogatoire que lui fit subir *Mazel*, on le conduisit en prison, et qu'en prison on lui dit, que celui qui tenait à la main le sabre ensanglanté, était le *perruquier* du village.

Et *Mazel* était, en effet, le *perruquier* du village, et il était le seul....

Paul Saunier vous avait dit, que *Mazel* avait un *briquet sans fourreau* ; et le maire d'Arpaillargues appelé, vous a dit que, lors du désarmement des habitans d'Arpaillargues, il avait trouvé chez *Mazel* un *briquet sans fourreau*....

Que de preuves de la vérité de la déposition de *Paul Saunier....* !!

Les détails dans lesquels ce témoin est entré, ont dû vous convaincre qu'il ne s'était point trompé, quand il vous a dit qu'il reconnaissait *Mazel* pour être celui qui brandissait un *sabre ensanglanté*.

Paul Saunier, en militaire digne d'être gendarme, a conservé toute sa présence d'esprit, au milieu du plus grand danger...; et sa qualité de gendarme devient aujourd'hui une garantie de plus de la véracité, de la fidélité de sa déposition.

Ainsi, Messieurs, *Mathieu Mazel* est bien convaincu d'avoir eu dans les mains, sur la place d'Arpaillargues, un *sabre ensanglanté*.

Sur cette même place, dans ce même moment, était étendu, nageant dans son sang, le malheureux *Calvet*, blessé de plusieurs coups de sabre....

Hé bien ! j'aperçois un des auteurs de ces coups, c'est *Mazel* ! ! !

Calvet est mort de ses blessures dans la même nuit.

C'est *Mazel* qui est un de ses assassins....

Et, d'ailleurs, quand son sabre *n'aurait pas été teint* du sang de *Calvet*, il était teint de sang humain....

Mazel est donc un horrible assassin....

J'ai enfin terminé, Messieurs, la pénible et douloureuse carrière que m'avait tracée mon devoir.

Je vous ai peint avec fidélité tous les crimes qui ont été commis à Arpaillargues.

A Arpaillargues ! ! ! Que j'ai de peine à prononcer ce nom...! il est devenu à jamais un nom d'épouvante et d'horreur...; il est consacré désormais à exprimer l'horrible réunion des plus grands forfaits....

C'est là, Messieurs, c'est là qu'ont été inventés des supplices nouveaux pour arracher la vie avec plus de douleur....

C'est là que l'enfance, dont l'attribut est partout la douceur et la bonté, s'est montrée précocement barbare...: l'âge de l'innocence était déjà dans Arpaillargues l'âge du crime...

C'est là que la vieillesse chancelante et débile a su trouver des forces pour commettre les plus horribles cruautés, et donner la mort, dont elle a elle-même tant de crainte.

C'est là que les femmes, que la nature a rendues partout compatissantes et sensibles, ont eu l'affreuse émulation de surpasser les hommes en barbarie....

Oui, Messieurs, les bêtes féroces sont moins cruelles que ne l'ont été les habitans d'Arpaillargues ; si elles versent le sang, c'est pour s'en repaître et soutenir leur propre existence...; mais eux l'ont répandu pour le plaisir de le voir couler....

Et qu'avaient donc fait ces malheureux volontaires-royaux, pour se voir exposés à des traitemens si cruels...?

Ce qu'ils avaient fait...!!!

Ils avaient abandonné leurs ateliers.... leurs femmes.... leurs enfans, pour soutenir la plus sainte des causes, celle des Bourbons, contre le tyran de la France, contre l'ennemi du monde...; ils avaient voulu sacrifier leur vie pour conserver le Souverain dont le règne de quelques mois avait déjà fait oublier vingt-cinq ans de malheurs, et les avait presque réparés...!!

Voilà, Messieurs, voilà quel était leur seul crime...!!! Et ni leurs soumissions, ni les plus humiliantes supplications ne purent calmer la rage des habitans d'Arpaillargues...!!!

Ils furent, pendant toute une journée, dépouillés, torturés, déchirés, massacrés...!!!

Mais, de si grands... de si nombreux forfaits sont au moment d'être punis, puisque quelques-uns des coupables sont heureusement connus....

Si l'heure de la vengeance publique s'est fait attendre.... le châtiment n'en sera que plus mémorable ; et tous les scélérats apprendront, par un si terrible exemple, que le chemin du crime sera *toujours* celui du supplice.

CONCLUSIONS

DE M. LE PROCUREUR-GÉNÉRAL.

Attendu qu'il résulte, tant de la déclaration du Jury que de la déclaration de la Cour,

Que *Jeanne Verdus*, dite *la Coulourgole*, est coupable du meurtre commis sur la personne de *Gaspard Fournier*, avec préméditation ;

Que *Jeanne Verdus* est coupable de complicité du meurtre commis, avec préméditation, sur la personne d'*Amédée Calvet* ;

Que ladite *Verdus* est coupable de vols faits au préjudice de divers volontaires-royaux, à l'aide de violences, par plusieurs personnes armées, et dans un chemin public ; lesquels ont été précédés, accompagnés et suivis d'assassinats ;

Que *Jean-Jacques Barri* est coupable de la tentative d'assassinat commis sur la personne de *Jean Saunier*, sans préméditation ;

Que *Jean Bresson* est complice du meurtre commis, avec préméditation, sur la personne de *Gaspard Fournier* ;

Que ledit *Bresson* est coupable du meurtre commis, avec préméditation, sur la personne d'*Amédée Calvet* ;

Que ledit *Bresson* est coupable de complicité de coups et blessures, d'où est résultée une incapacité de travail pendant plus de vingt jours, et coupable en cela de meurtres.

Que ledit *Bresson* est coupable de vols, à l'aide de violences, par plusieurs personnes armées, dans un chemin public ; lesquels vols ont précédé, accompagné et suivi lesdits assassinats ;

Que *Jean Boisson* est coupable du meurtre commis, avec préméditation, sur la personne de *Gaspard Fournier* ;

Que ledit *Boisson* est coupable de complicité du meurtre

commis, avec préméditation, sur la personne d'*Amédée Calvet*;

Que ledit *Boisson* est coupable de complicité de coups et blessures, d'où est résultée une maladie et incapacité de travail pendant plus de vingt jours ; et d'avoir en cela été complice du meurtre commis, avec préméditation, sur la personne de *Claude Chambon*..

Que *Mathieu Surian* est coupable d'une tentative du meurtre commis, avec préméditation, sur la personne de *Jacques Roche*;

Que ledit *Surian* est coupable d'une tentative du meurtre commis, avec préméditation, sur la personne de *Castor Penitier*;

Que ledit *Surian* est coupable de tentatives de vols envers ledit *Castor Penitier*, avec violences, par plusieurs personnes armées, dans un chemin public ; lesquels vols ont précédé, accompagné et suivi les tentatives d'assassinats ;

Qu'*Elisabeth Bastide*, veuve *Boucoiran*, est coupable du meurtre commis, avec préméditation, sur la personne de *Gaspard Fournier*;

Qu'elle est coupable du meurtre commis, avec préméditation, sur la personne d'*Amédée Calvet*;

Que *Jean Blancher* est coupable du meurtre commis, avec préméditation, sur la personne d'*Amédée Calvet*;

Que *Jacques Reboul* est coupable du meurtre, commis avec préméditation, sur la personne d'*Amédée Calvet*;

Que *Pierre Rouvière* est coupable de complicité de coups et blessures, d'où est résultée une maladie et incapacité de travail pendant plus de vingt jours ; et d'avoir en cela été complice de la tentative du meurtre commis, avec préméditation, sur la personne de *Claude Chambon*;

Que ledit *Pierre Rouvière* est coupable de vols, commis envers *Claude Chambon*, par plusieurs personnes armées, à l'aide de violences, lesquels vols ont été précédés, accompagnés et suivis d'assassinats.

Je requiers, en conformité des articles 2, 59, 60, 295,

296, 302, 304, 383, 20 et 22 du Code pénal, 368 du Code d'instruction criminelle,

Que *Jean Blancher* ;
Mathieu Surian ;
Jacques Boisson :
Elisabeth Bastide, veuve *Boucoiran* ;
Jacques Reboul ;
Pierre Rouvière,
Jean Bresson ;
Jeanne Verdus, dite *Coulourgole*,
Soient condamnés à la peine de mort ;

Et, en conformité de l'article 26 du Code pénal, je requiers que l'arrêt qui interviendra, soit exécuté, à l'égard de *Jean Blancher*, de *Mathieu Surian*, de *Jacques Boisson*, et d'*Elisabeth Bastide*, veuve *Boucoiran*, sur la place publique de la commune d'Arpaillargues ;

Et, à l'égard de *Jacques Reboul*, *Pierre Rouvière*, *Jean Bresson*, et *Jeanne Verdus*, dite *Coulourgole*, aux lieux accoutumés de cette ville ;

A l'égard de *Jean-Jacques Barri*, je requiers qu'il soit condamné aux travaux forcés à perpétuité, à la flétrissure des lettres T. P., à l'exposition préalable au carcan pendant une heure, et que l'arrêt soit exécuté au lieu accoutumé de cette ville.

Et que tous les susnommés soient solidairement condamnés à tous les frais des procédures envers l'État.

EXTRAIT de l'Arrêt rendu par la Cour, en suite de la déclaration du jury.

Demeurant la déclaration du jury, M. le Président a prononcé que *Henri Ribaud* et *Mathieu Mazel*, accusés, étaient acquittés de l'accusation contre eux intentée, et a ordonné qu'*Henri Ribaud* serait mis sur-le-champ en liberté, s'il n'était retenu pour autre cause ;

Et attendu que le ministère public a fait, avant la clôture des débats, des réserves à fin de poursuivre contre *Mathieu Mazel*, inculpé dans le cours des débats par dépositions des témoins sur un autre fait, M. le président a ordonné que ledit *Mathieu Mazel* serait poursuivi à raison de ce nouveau fait, et l'a renvoyé en état de mandat d'arrêt, devant le juge d'instruction de l'arrondissement de Nismes.

. . . .
. . . .

La Cour, attendu ce qui résulte de la déclaration du jury, combinée avec la déclaration de la Cour; après avoir entendu M. le Procureur-général du Roi en ses réquisitions, M.ᵉ *Boyer*, avoué, conseil des parties civiles, les accusés et M.ᵉ *Baragnon*, avocat, l'un de leurs conseils;

Sur l'application de la peine;

Vu les articles 2, 59, 60, 295, 296; 302, 304, 383, 20, 22, 26, du Code pénal; 368 du Code d'instruction criminelle, et 55 du Code pénal, dont M. le Président a fait lecture:

A condamné et condamne *Jeanne Verdus* dite *Coulourgole*, *Jean Bresson*, *Jacques Boisson*, *Mathieu Surian*, *Elisabeth Bastide* dite *Bellon* veuve *Boucoiran*, *Pierre Rouvière* dit *Fournier*, *Jean Blancher*, et *Jacques Reboul*, à la peine de mort.

A condamné et condamne *Jean-Jacques Barry* à la peine des travaux forcés à perpétuité, et à la flétrissure par l'application sur l'épaule droite, et avec un fer brûlant, de l'empreinte des lettres T. P.

Ordonne qu'avant de subir sa peine, ledit *Barry* sera attaché au carcan, sur la place publique de cette ville destinée aux exécutions; qu'il y demeurera exposé aux regards du peuple durant une heure; qu'au-dessus de sa tête sera placé un écriteau portant, en caractères gros et lisibles, ses noms, sa profession, son domicile, sa peine et la cause de sa condamnation.

Ordonne également que, pour l'exemple, l'arrêt sera exécuté à l'égard de *Boisson*, *Surian*, *Elisabeth Bastide*, et *Blancher*, sur la place publique de la commune d'Arpaillargues; et à l'égard de *Jeanne Verdus*, *Bresson*, *Rouvière* et *Reboul*, aux lieux accoutumés de cette ville de Nismes.

Et statuant sur la demande en dommages formée par M. *Boyer*, avoué licencié, au nom de ses parties, et y ayant tel égard que de raison;

Condamne *Jeanne Verdus*, *Jean Bresson*, *Elisabeth Bastide* veuve *Boucoiran*, et *Jacques Boisson*, à payer solidairement, à titre de dommages-intérêts, à *Jeanne Cambacerés* veuve *Fournier*, une somme de 10,000 fr.; savoir, 4,000 fr. à ladite veuve *Fournier*, et 3,000 fr. à chacun de ses enfans mineurs; les condamnant, en outre, aux dépens envers ladite *Fournier*;

Condamne également lesdits *Jeanne Verdus* et *Jean Bresson*, *Jacques Boisson*, *Elisabeth Bastide* veuve *Boucoiran*, *Jean Blancher*, et *Jacques Reboul*, à payer solidairement à *Louise Calvet* femme *Sève*, une somme de 4,000 fr. à titre de dommages-intérêts; les condamne, en outre, solidairement aux dépens envers ladite *Calvet*, sans préjudice auxdites veuve *Fournier* et femme *Sève*, de la solidarité contre les autres accusés *contumax*;

Condamne, enfin, *Jeanne Verdus*, *Barri*, *Bresson*, *Boisson*, *Surrian*, la veuve *Boucoiran*, *Rouvière*, *Blanchet* et *Reboul*, solidairement aux frais du procès envers l'État.

Fait et prononcé, en audience publique, le 11 juillet 1816.

Signés BAZILLE. *Président*; MARTIN-LASALSE, MAUBEC, LAPORTE-BEL-VIALA, *Conseillers en la Cour*; MAGNE, *Conseiller-auditeur*, *Juges*.

FIN.

www.ingramcontent.com/pod-product-compliance
Lightning Source LLC
LaVergne TN
LVHW050605090426
835512LV00008B/1351